我
们
一
起
解
决
问
题

THE LIVING ORGANIZATION

激活组织能量

打造有机组织，创造非凡业绩

[美] 诺曼·沃尔夫
（Norman Wolfe）◎著

青湄舍◎译

人民邮电出版社
北　京

图书在版编目（ＣＩＰ）数据

激活组织能量：打造有机组织，创造非凡业绩 / （美）诺曼·沃尔夫著；青浥舍译. -- 北京：人民邮电出版社，2022.2

ISBN 978-7-115-58034-4

Ⅰ．①激… Ⅱ．①诺… ②青… Ⅲ．①商业管理—研究 Ⅳ．①F712

中国版本图书馆CIP数据核字(2021)第252119号

内 容 提 要

这个世界在渴望一种新的商业模式，我们可以清楚地认识到旧的范式已不再奏效，但是很多身处领导职位的人找不到对策，也不知道该从哪里着手。

本书作者诺曼·沃尔夫，目前是一家领先的咨询公司的董事长兼首席执行官，曾担任过惠普公司高管多年。在书中，他将自己在惠普公司的管理经验和大量的咨询案例相结合，提炼出了"能量场"的概念，提供了一种看待商业、组织、资本的全新视角，创造了一种新的商业范式。除此之外，作者还基于"有机组织"模型为领导者们设计了一整套有效的管理流程，让读者可以融会贯通地使用。

无论是企业高层管理者、创业者，还是管理领域的研究者，抑或是正在接触管理的学习者，本书内容都将使你大开眼界，助你打开通向控制能量和绩效的隐形动力之门。

- ◆ 著 ［美］诺曼·沃尔夫（Norman Wolfe）
  译 青浥舍
  责任编辑 贾淑艳
  责任印制 胡 南
- ◆ 人民邮电出版社出版发行 北京市丰台区成寿寺路 11 号
  邮编 100164 电子邮件 315@ptpress.com.cn
  网址 https://www.ptpress.com.cn
  涿州市京南印刷厂印刷
- ◆ 开本：720×960 1/16
  印张：16.5 2022 年 2 月第 1 版
  字数：250 千字 2022 年 2 月河北第 1 次印刷
  著作权合同登记号 图字：01-2021-4190 号

定 价：89.00 元
读者服务热线：（010）81055656 印装质量热线：（010）81055316
反盗版热线：（010）81055315
广告经营许可证：京东市监广登字20170147号

选择这本书的 17 个理由

有机组织开辟了一条通向新世界的道路，你再也不会用旧的眼光来看待你的组织、员工、客户，以及投资者。诺曼·沃尔夫（Norman Wolfe）很有洞见地重构了商业运作模式，把我们从"伟大机器"的镣铐中解脱出来，让我们有机会充分发挥人的潜力，不管是作为个体还是集体。

——奇普·康利（Chip Conley）
美国精品酒店 Joie De Vivre 执行董事长，
《马斯洛赋予伟大公司的魔力》的作者

我始终相信人是任何组织成功的关键，诺曼·沃尔夫深刻理解这一点。在他的新书《激活组织能量》中，他引导读者从生命体能量的角度来看待一个组织，人是能量，有机组织是由人的活动能量场、关系能量场和背景能量场缔造的。这是一本非常引人入胜的书。

——肯尼斯·布兰查德（Ken Blanchard）
《以爱领导》及《一分钟经理》的作者

对于那些追求卓越的成功领导者，这是一本必读的书。《激活组织能量》对于究竟是什么造就了伟大的公司进行了有力且深入的探索，它完全颠覆了我们理解公司的视角，同时也为你实现崇高的梦想提供了一个简单而实用的方法。

——马歇尔·古德史密斯（Marshall Goldsmith）
《纽约时报》百万畅销书《魔力》《自律力》及《习惯力》[①] 的作者

《激活组织能量》重新阐释了创造非凡绩效的逻辑，令人兴奋，爱不释手。这本书极大地强化了我一直以来的信念，即文化和鼓舞对于组织成长的影响。每个领导都能够从这本书中找到一些强有力的洞见，助力自己把团队凝聚到一种健康成长和长期成功的新模式上。

——凯西·希恩（Casey Sheehan）
巴塔哥尼亚公司（Patagonia）CEO

诺曼·沃尔夫如此英明地向我们解释了当今企业持续成功的奥秘——人的精神本质。《激活组织能量》是一部实用指南，告诉我们如何善用这种人的精神，以建立一个永续、觉醒、盈利的组织。

——基普·汀德尔（Kip Tindell）
美国家居连锁企业容器商店（The Container Store）的董事长和CEO，
觉醒商业的积极倡导者

我和一个卓越的团队建立了一家卓越的公司——乔氏连锁超市，它怀

---

① 另一中文译本名为《领导力精进：成就极致领导力的 21 个管理细节》。——译者注

着强烈的使命感，真正关心它所服务的所有利益相关者，我在痛苦而缓慢的试错过程中痛并快乐着。如果早一天读到《激活组织能量》，我的旅程可能会更轻松，也可能会更高效。请帮你自己一个忙，现在就读这本书，它会改变你对于组织及领导者角色的看法。

——道格·劳奇（Doug Rauch）
美国有机食品连锁超市乔氏（Trader Joe's）前总裁

想象一下这样的一个世界，在那里宗旨之魂指引着个人和组织的生活，诺曼·沃尔夫就是这个新世界的预言家。《激活组织能量》是商业新范式的强力宣言，它带给我们很多深刻的洞见与来自一线的精彩故事。

——麦克尔·盖博（Michael J.Gelb）
《像达·芬奇那样思考》和《脑力》（*Brain Power*）的作者

诺曼·沃尔夫从超越商业的新视角去探索无可争议的真理。一切都相互连接，一切都是能量。爱是一种特殊频率的能量，是组织内外一种正向的关系能量，是组织成功的关键。只要简单考虑一下诺曼·沃尔夫的方法，你就能增加对于真正重要的东西即宗旨的觉察的专注力，它让我相信意义和宗旨、幸福和绩效之间是有联系的。

——唐·派珀（Don Piper）
班布里奇研究院（Bainbridge Graduate Institute）创业学科带头人

《激活组织能量》会改变企业领导者理解和管理组织的方式。带着精辟的洞见，诺曼·沃尔夫引领我们踏上一段旅程，去创建一个能量满满、激情四溢、适应力强、富有创造力的鲜活组织，以更好应对这个日新月异的世界。

——山姆·邱（Sam Yau）
全国教育公司（National Education Corporation）前 CEO

在当今的全球企业界，传统的商业模式大多依赖于左脑的量化思维和行动，这当然是必需的，但已经远远不够，《激活组织能量》非常有洞见地补上了缺失的那些部分。基于多年的实际工作经验，诺曼·沃尔夫重塑并拓宽了我们对于组织如何创造结果的思维，每个 CEO、董事会成员和高管都会从本书提供的一些实用指南中受益。

——约翰·雷费尔德（John Rehfeld）
东芝美国前 CEO，《领导者的炼金术》（Alchemy of a Leader）的作者

基于自身担任企业管理者和顾问所积累的建立成功团队和组织的丰富经验，诺曼·沃尔夫揭示了组织中生机勃勃的结构和充满活力的流程，为我们缔造卓越组织提供了一张路线图。

——杰夫·克莱恩（Jeff Klein）
《工作向善——谋生的同时改变世界》
（Working For Good：Making a Difference While Making a Living）的作者

你是否曾经很纳闷为什么有些团队充满能量和活力，激情四射，绩效优异，另一些团队即使你不断催促，用力推动，却没有什么进步？《激活组织能量》向我们打开了通向控制能量和绩效的隐形动力之门。在这本充满洞见的新书中，诺曼·沃尔夫向我们展示了一个模型，助力我们充分利用那些我们经常没有意识到的能量，而正是它们决定了公司的卓越绩效和伟大之处。这本书提供的实用工具能够让你汲取团队的深层能量，缔造非凡的成就。

——瑞克·费里斯（Rick Ferris）
红杉地产公司（Sequoia Realty）总裁

很久以来，我们都认为一旦踏入工作场所，就必须把情绪和精神的自我丢在门外。你再也不需要这样了，诺曼·沃尔夫拓展了我们的思维，向我们揭示如果你要获得财务上的成功，你需要把"全人"带入工作。在这本开创性的书中，他提供了实用工具，帮助我们整合活动、关系和背景能量场中的力，创造我们预想不到的绩效。

——汤姆·正德尔（Tom Zender）
CEO 教练，非营利机构统一（Unity）前 CEO，
《上帝去工作》（*God Goes to Work*）的作者

对于当今世界，至关重要的是全球所有企业的言行举止都要符合伦理道德。在这本发人深思、充满洞见的书中，诺曼·沃尔夫告诉我们，作为一个生命体，组织和所有生命体一样都受制于同样的力量，道德和伦理已经不再是锦上添花的东西，而是创造业绩的核心元素，这是 21 世纪任何

商业领导者都必须阅读的一本指导书。

——罗素·威廉姆斯（Russel Williams）
秘钥基金（Passkeys Foundation）和道德边缘（The Ethical Edge）的 CEO

当今的领导需要发挥整体的力量，这要求你使用多种智力。领导需要使用和汲取组织系统中活的能量。在《激活组织能量》中，基于自身实际经验，诺曼·沃尔夫给出了清晰且深刻的洞见，他向领导者们传授了如何开发和使用他们的智商和情商，以挖掘组织的智慧。这个"集体智慧"就是创造非凡业绩的关键。

——辛迪·维格尔斯沃斯（Cindy Wigglesworth）
深度变化公司（Deep Change）的 CEO

《激活组织能量》为组织管理提供了一个非常有创意、激动人心的新视角，这本书把公司的宗旨从单调乏味、锦上添花的东西变成了管理的核心问题，那些认真对待这个信息的管理者会发现自己对于组织和自身的角色有了更好的理解。

——菲利浦·布罗米利（Philip Bromiley）
博士，加州大学尔湾分校战略管理学教授

这个世界一直渴望有一种新的商业范式。我们可以从周围的一切看出来，旧的方式已经不奏效，但是很多身处领导职位的人找不到对策也不知道该从哪里下手。《激活组织能量》提供了一个有效的模型、实用的实施步骤以及激励你不断前进的动力，请加入觉醒商业这个正在改变世界的潮流，这本书为你提供了必要的支持和指引。

——朱迪·尼尔（Judi Neal）
博士，《跨界为王》的作者

在时代发展浪潮中，每一家企业，无论大小，时刻都要面临选择：要么僵化，要么进化。"僵化"就是作茧自缚，用昨天成功的经验来指导今天的工作；"进化"就是与时俱进，在时代的潮流中变革自己。

这看似是一个不需要费力气就能做出的选择，因为从理论上讲，所有的企业都想要进化，而不是进博物馆，但从事实上看，却有越来越多的企业已经停滞不前，被时代淘汰。世界五百强企业的寿命越来越短便是一个明证。

面对这种理想与现实的落差，许多企业正在迷茫中苦苦求索。诺曼·沃尔夫先生不愧是一名优秀的"魔术师"，他洞悉了商业世界的魔法，用"有机组织"这一组织模型，以一种全新的视角带领我们窥见商业世界中企业成功的奥秘。

在诺曼·沃尔夫看来，现在众多企业还延续着传统工业时代的企业范式，将组织视为机器，领导者的角色是设计和编程，员工的角色是有效地执行计划，这阻碍了组织的灵活性和敏捷性，阻碍了那些最有可能实现创新的人的创造力。而他所提倡的"有机组织"则是一种颠覆式的组织，即在每个有机组织中，它的细胞（员工）和器官（销售部门、营销部门、制造部门等）与活跃的客户和市场中的其他活跃的实体在互动。

　　幸运的是，海尔正在成为"有机组织"，正在将组织优化为商业生态系统。从 2005 年海尔"砸"科层制组织开始，我们便去掉了所有的中层部门，企业变成了无边界的创业平台，8 万多名员工变成了创客。创客自己发现用户痛点（潜在需求），成立了 4000 多个创业小微。后来，为了解决小微间自主性与同一性的矛盾，我们提出链群合约机制，将生态链上的小微组织到一起，链群（即生态链上的小微群）各节点变成了利益共同体，共担风险，共享增值，不断为满足用户体验迭代，共同进化，直至自身进化成为商业生态系统。

　　正如诺曼·沃尔夫在书中讲的员工是所有能量的源泉，海尔要建立"自组织"，核心是让组织中的成员变成"自主人"。在传统的科层制组织下，员工是"经济人"，像机器上的螺丝钉一样，缺乏创造力。而我提出"自主人"的概念，则是希望组织中的每个人都能成为自主创客，实现自身价值最大化。

　　传统的科层制组织，围绕的不是"人"，而是产品。但康德说，人是目的，不是工具。人的价值最大化就是让每个人都有尊严。只有通过对基本力量的深入理解，我们才能获得智慧，这个基本力量就是蕴藏在每个员工身上的潜在价值，需要机制让其迸发并体现为自身尊严。这是任何民族和国家的企业都需要的，基于此，海尔创造了"人单合一"的商业模式。

　　所谓"人单合一"，"人"指的是员工，"单"指的是用户，"人单合一"即员工和用户合一，也是创造价值和分享价值的合一。人单合一模式就是让每个人都可以独立创造，实现自身价值。海尔的链群合约、增值分享机制则确保了人单合一模式能够在组织中顺利落地。

　　人单合一模式的探索，如今已得到了全球众多管理思想家和权威媒体的认可。世界著名管理大师加里·哈默在深入剖析人单合一原理后，认为人单合一具有"让组织像一个人一样具有创造力"的作用。将一个组织视为一个人，是《激活组织能量》的核心，你将在本书中发现这一点；美国战略学家威廉·马勒克认为"海尔是组织模式变革的基准"，全球最大的财经资讯平台彭博社认为，"某种意义上，人单合一已不再是海尔的专属名词，而是一场全球企业共襄盛举的物联网时代管理革命"——目前在全球 8 大本土化的人单合一研究中心，已经有超过 18 万人单合一学习用户。本书中所表达的原则与人单合一模式不谋而合，它将带领企业领略 21 世纪物联网时代的管理。

2018 年 11 月，我曾专门驱车两个多小时从希腊雅典赶往德尔菲神庙遗址，去实地感悟"认识你自己"这个神谕。这个神谕让我感慨颇深。只有认识了自己，才能认识世界。认识了自己，便会自知自己无知。

面对量子时代的复杂性、不确定性，企业仅靠一个人的智慧显然是不够的。唯有让员工成为"自主人"，组织成为"自组织"，才能与有体验迭代诉求的用户融为一体，体现物联网的本质——人联网。而这也是海尔和所有学习与实践人单合一模式的企业，在时代发展浪潮中所要进化的方向。

——张瑞敏
海尔集团董事局主席、首席执行官
2021 年 8 月 17 日

在大家都在讨论"内卷"和"躺平"的时候，我惊喜地读到了《激活组织能量》这本书。感谢译者李柏文和他的团队的辛勤工作。"内卷"和"躺平"的危险是成长的停滞，而成长的停滞就意味着死亡。"内卷"是忙忙碌碌地死，"躺平"是绝望无聊地死。

"有机组织"，就是活着的组织（living organization），不只自己作为一个组织活着，还推动组织的成员活着！与这么多了无生气的组织、"内卷"和"躺平"的员工相比，有机组织即活着的组织是多么得令人向往啊！"内卷"和"躺平"，意味着能量的丧失。"躺平"的人能量消耗殆尽；"内卷"的人的能量达到极限而无法升华。因此，要想突破"内卷"和"躺平"，就必须获得新的能量！

《激活组织能量》一书，特别强调组织的能量场，并把能量细分为活动能量、关系能量和背景能量。组织的能量场为什么重要？根本原因是组织中的人需要能量才能在组织中生存并发展。组织要么给人的能量加分、要么给人的能量减分。当你看到一个员工回家时，满脸疲惫、无精打采，连说话的力气也没有，你就知道这个组织给员工带来的是负能量；当你发现员工回家之后，兴奋地与家人分享组织中发生的事情、组织中其他伙伴的表现、自己的收获和成长，你就知道这个组织给员工带来了正能量！

我们每天在一个组织中花这么多时间，难道不应该全力以赴把组织建设成一个真正"活着的组织"、一个能够给每位员工带来正能量的组织吗？问题是如何做？我的建议是，先从组织的最基本单元——团队能量的提升开始。团队能量对人的精气神影响巨大！

我们需要着重提升三种团队能量。

1. 追求卓越的能量：一个团队如果追求卓越，就有强大的精气神，这种精气神，势必也会影响团队成员的精气神。在不求上进、得过且过的团队氛围中，成员很容易"内卷"和"躺平"，而且互相影响，无法创新，难以破局和重塑。慢慢地，大家都懈怠了、放松了、彻底放弃了。

2. 关爱互助的能量：团队成员个体差异很大，人人都可能有难言之隐，都有一本"难念的经"。组织可以用一套价值观、方法论去要求每个人，但组织同时需要理解每个人的处境和状态，并且伸出援手，互助协同。团队成员之间的关爱相当重要，但这种关爱在很多组织都是稀缺资源。各人自扫门前雪，自己都是泥菩萨过河，我不损耗别人的能量已经不错了，哪还有心力去给别人赋能呢？正因为难，那些真正建立起互相关爱氛围的团队是极富能量和战斗力的团队，是拥有核心竞争力的团队。有了关爱才会有真正意义上的互助。帮助别人，不遗余力，就等于帮助自己。这样的能量传递和加持，给人带来希望、温暖和前进的动力，是人间最珍贵的力量。

3. 同学共创的能量：很多互联网公司同事之间互称同学，好像每天上班就像在学校里一起"同学"。这种同事即同学的感觉如果真正在内心生根，大家一起同学共创度过每一天，互相给予正能量并且获得学习成长、创新创造的动力，那么这将是创造组织能量场，突破"内卷"和"躺平"的重要法宝。

《激活组织能量》一书，不仅从理论上阐述了能量场的本质，还在方法论上给了我们很多的启示。对于有志于建设伟大组织、创造卓越绩效的人们来说，这是一本非常值得阅读、借鉴的好书。

——陈玮

北大汇丰商学院管理实践教授，创新创业中心主任

　　进入 21 世纪，我们需要具有一种看待商业、企业、资本的全新视角吗？我们需要一种全新的商业范式吗？企业也许是当今影响力最大的一种经济实体了，却没人认为企业是可以托付信任的地方。没错，很多人认为企业贪婪自私，剥削冷漠，只顾追逐利润。21 世纪早年间一些行业所披露的商业道德事件，更是让大家对企业失去了信任，越来越多的人认为企业、资本总归是有些问题的。

　　可问题并不出在资本体制上，而是出在我们用以决策的理论依据上。自 1776 年亚当·斯密的《国富论》发表以来，尽管后来的经济学者们又发展了一些经济理论，但由于他们中的大多数依旧视经济运行机制如工业机器一般，所以提出的经济模型往往将商业过程当作机械过程，企业主们在机器的一端投入资本、劳力、土地，然后在另一端收获利润。

　　当今企业及整体经济所面临的真正挑战，出在当代经济学者和商业领导者局限的思维模式上。囿于有限的理念框架，他们对各业务要素间的复杂互赖现象视而不见，对影响成败的动态关系有眼如盲——殊不知现有的经济理论模型可能已无法为 21 世纪的商业成功带来任何指导意义了。

　　要让商业在 21 世纪发挥其最大潜力，当今企业需要一种全新的，超越简单的机械化 / 工业化的模式，去拥抱它们现处的复杂且互赖的世界。

这样的世界已然来到我们身边，那么无论是经济还是商业理念都应当向前进化，对现实做出反应。

《激活组织能量》一书就提供了这一进化型视角，代表了看待组织及其运营模式的全新角度。它能帮我们理解组织如何能够做到从复杂互赖的状况出发，求取自身的发展、成长及进化；它将商业视作活生生的有机体，与所有利益相关者紧密相连，在进化的路上，为了推动社会的进步而共同前行。这些也是我自己身为全食超市的 CEO，在 30 年的经历中总结出的东西。

1980 年，我们几位创始人创立全食超市时，就把几条简约的理念及核心价值观融于其中，为实现这些理念，我们创设了相当简洁的业务架构。但随着公司的发展和其互动范围的不断扩大，全食超市出现了充满活力的"自组织"形式，以实现公司最初的宗旨。林林总总、相互交织的各利益相关者在与彼此互动又与业务互动的过程中，使公司业务乃至宗旨都得以持续进化。《激活组织能量》一书正是将这种组织与所有利益相关者（客户、员工、投资人、供应商、社区）之间的互动关系阐述得淋漓尽致。同时，也从更深的角度解释了为何全食超市要孜孜不倦地让所有利益相关者获得成功，全食超市的宗旨因何随着时间流逝日益走向深入、厚足、繁博。

透过《激活组织能量》的视角，我们可以获得解决商业及社会问题的启示。如果商业被视为机器，它就不会也不可能具备社会意识、社会责任；如果我们把商业视作活在社会中的实体，活生生的有机体，那么商业便会成为企业公民，对自己、对社会负有社会及道德责任。机器不会学习、无法适应，而"适应能力"正是所有生命体的本质所在；机器顶多只能用来生产，不会创新，但生命体却总能期许并创造更美好的未来。

所有已获得成功的 CEO 及组织领导者，会在阅读《激活组织能量》的时候发现，书写在字里行间的成功秘诀正是他们自己历经事业多年之后的心得，哪怕读起来会有些许的不同。这本书不像传统商业书籍那样老生常谈，但也没有和传统理论叫板，反倒用一种崭新的视角，为传统理论增益扩展，让我们得以深入了解一些东西，而这些东西也正是很多 CEO 在一路试错的过程中都曾栽过的跟头。

正因为根植于不同学科领域交叉的基础上，本书中这种新范式的得出对大家而言都颇有些冲击：它冲击着我们的思考方式，冲击着我们与员工、供应商、客户、投资人、社区的互动方式；却也推动着我们去成长，变得更自觉自知，像有机生命体一样去进化。

人在小的时候，往往以自我为中心，只顾自己想什么、要什么；随着人的成熟，意识延展，他们逐渐超越了自我中心，开始关注他人——家人、朋友、社区、国家，这种爱他人的能力甚至可以扩展到爱不同种族、不同宗教、不同国家的人，直至将无尽的爱示予一切世人、芸芸众生。这正是人类蕴含的潜能：延展意识，怡然于他人的绽放、怡然于每个角落里生命体的欣欣向荣。

"有机组织"也蕴含着这种意识进化的潜质，所有商业联结起来可以共同向着"觉醒商业"（conscious capitalism）演进。让每个组织的领导者，无论营利还是非营利组织或是政府组织，都可以学会领导"有机组织"的艺术，引领其成长与发展，向着更大、更广的意识状态前进，更好地服务客户，进而推动社会臻于美好。

——约翰·麦基（John Mackey）
全食超市联合 CEO

我这个"魔术师"可是很专业的^①，我对着魔术大师胡迪尼、"黑石"及所有伟大魔术师的坟墓发誓^②，永不揭穿魔术背后的秘密。可今天我将违背誓言，为大家揭晓"魔术"秘诀——但我说的不是舞台上的魔术，而是如何让事业及人生斩获业绩成果的魔术。

每位 CEO、团队主管和企业员工都希望能按订立的目标收获成果，我也一样。于是我走上了不断求索之路，我要回答的问题是："成果是如何被创造出来的，成功的秘诀是什么，为何同样的付出，有时有回报，有时没有？"

我的求索之路沿两条平行轨迹运行，一条事业线、一条个人成长线。但它们并不是互不相扰、特立独行的两条线，反倒是在一路求索和追逐中相互交织，我有过投石问路、有过败下阵来，还有最后的马到成功；这条发现之旅，向我揭示了成功背后的秘密，揭示了人如何做到有所收获又为何能够有所收获。

---

① 作者本人在后文中（第1章）提及，他曾经有一段时间做过职业魔术师，在当地的一个店里正式演出三个月，因此，自称是专业的"魔术师"。——译者注

② 胡迪尼（1874—1926年）即美国魔术师哈利·胡迪尼，被称为史上最伟大魔术师、脱逃术师及特技表演者；"黑石"即 Harry Blakstone（1885—1965年），是美国著名舞台魔术师。——译者注

印在我脑海中的两个日子，分别标志着这两条线确切的开始时间，这两条线日后终将合二为一。

1969 年 3 月 4 日的纽约，阳光明媚，漫漫严冬之后我们迎来了温暖如春的一天。我那时大四，在纽约大学上学，我们一帮人在纽约州立熊山公园沉醉于春天慵懒的脚步——这天正好是普林节的第一天，犹太人用这个节日庆祝暗黑冬日的终结和明媚春日的来临。

那天晚上我和一群犹太同学一起度过，音乐、歌曲，让我忆起了孩提时代及家庭团聚的时光。

回到寝室，这一天甜甜的味道，夹杂着对往日时光的眷恋，让我悲喜交加。和室友攀谈时，他翻出一本艾伦·沃兹[①]的书，念了其中的一段："欲知有'白'，须知有'黑'；欲知有'上'，'下'必存焉。"突然灵光一闪，我顿悟了。

直到多年后我才知道"顿悟"是怎么一回事，但我当时经历的肯定就是"顿悟"：那是一种自然流现的心领神会或叫作自然流现的自觉自知；那一刻我的前路闪耀着光芒，眼前呈现出一圈人的面容，当每张面孔浮现，我的身心就充盈着深沉的领会与纯净的爱意。

这源自深处的爱意接连数月萦绕着我，生命中每样事物与我的关系都似乎变得鲜活、祥和、温情，我开始读艾伦·沃兹、赫尔曼·黑塞、约瑟

---

① 艾伦·沃兹是生于英国的哲学家、作家、演说家，因为给西方听众带来东方智慧而闻名于世。——译者注

夫·坎贝尔写的书^①。我像获得了重生，内心充满了走向人生更深处的使命，时至今日这条路线仍是我生命的重要组成部分。

我带着这个新的觉知毕业、走入职场，成为普拉特·惠特尼集团公司^②的一名系统分析员，开始了职业生涯。我负责写代码测试燃料电池，六个月前我还在对人生秘境深处进行开放式的探寻，现在手头做的工作却又像是另一个世界。

那一边在挖掘我神秘、好奇、探索的一面，而这一边的电脑世界带出的是我逻辑、条理、理性的一面。我发现，两边的世界，虽截然不同，却似乎相辅相成：理性的一面帮我解读着那些神秘探索发掘出的东西，好奇的一面又为逻辑推理和程序设计上的难题提供着创造性的思路。

1976年7月19日，我进入了探索之路的另一条线，这一天历历在目，就像我之前顿悟了的那天一样，这天发生的事情标志着我的第二次觉醒，另一种觉醒。

那正是美国建国200周年，我和妻子花两周时间去了趟英国之后。那天我休假结束开始上班，整个人焕然一新、雄姿英发，有种全新进入状态的感觉。我担任惠普（Hewlett Packard）大区服务主管刚满一年，度过了相当不寻常的一年，在管理角色及其带来的挑战上虽还有很多磕磕绊绊，我也知道自己还有很多东西要学，但却乐于纵身一跃，战胜困难，一直以

---

① 赫尔曼·黑塞，德国作家，诗人，1946年获诺贝尔文学奖，爱好音乐与绘画，是一位漂泊、孤独、隐逸的诗人，作品多以小市民生活为题材，表现对过去时代的留恋，也反映了同时期人们的一些绝望心情。约瑟夫·坎贝尔，出生于美国纽约州纽约市，是美国研究比较神话学的作家。坎贝尔的巨著是《千面英雄》（1949），在书中他讨论了自己在世界神话中发现的原型英雄之旅的理论。——译者注

② 普拉特·惠特尼集团公司（Pratt & Whitney Group），简称普·惠公司（P&W），创建于1925年，是美国最大的两家航空发动机制造公司之一，也是世界主要的航空燃气涡轮发动机制造商之一。——译者注

来我都是这样的性格。

我最先碰到我的老板，他叫我去办公室做绩效评估。当我坐下来读他写的评语和评分时，我崩溃了。在他看来，我似乎一无是处，每一栏评的都是"无法接受"，我成了一个十足的"失败者"。

怎么会这样？我是有些磕磕绊绊，还有东西要学，但怎么就完全"无法接受"了呢？

我开始质疑自己难道真的和"管理"绝缘吗？我的事业一路走来得到的评价都是"优异"。当年我用着惠普的办公电脑在普拉特·惠特尼公司做出的创新成果，让我得以进入加利福尼亚南部的惠普公司工作，成为一名系统工程师；我在系统工程师岗位上表现优异、与销售人员及客户之间合作良好，又被现在的老板相中，坐上了大区服务主管的位子。

能够进入管理层我非常激动，觉得自己肯定能帮助我带的人，让他们像我一样取得事业上的成功。我当时的内心还充盈着对生活的感怀、对他人的关爱，我知道我可以助人成功。

这一绩效评估结果让我无所适从，兴许我该回到电脑的世界里苟安求成，毕竟电脑讲逻辑、种瓜得瓜种豆得豆，有人的世界却不是这样；即便我能处理好与客户的关系，但要领导组织却还有很多路要走。

但当时有那么一些管理者，包括我的同僚及更上级的领导们，这些后来成为我良师益友的人，在我身上看到了我自己看不到的东西，他们鼓励我在管理的路上继续走下去，他们相信我具备一个好领导的品质。彼时的我对自己心生怀疑，还好有这些人相信我，当时我听从了他们的建议继续走领导之路，时至今日我依然对这个选择感到高兴。

这开启了我的第二条线，让我知道该怎样领导一个组织，我在纠结中下了新的决心，定要发掘如何让事业、让组织走向成功的奥秘。

　　我决意要成为管理组织及在组织中"人"的方面的专家，就像其他管理者一样。我努力达成自己为组织设定的目标，很多目标都是我自己定的，因为我希望组织能成就某些意义；当然，我同时也会考虑上级给的目标。在后来当上了首席运营官（COO），首席执行官（CEO）的时候，我也会考虑董事会、投资人的目标。不管是谁定的，对我而言，目标都是用来超越的。

　　40 年来我在这两条路线上前行：第一条是心灵的路线，一直不断深入地探寻我的所作所为究竟为何，又如何让我的所愿所想得以成就，人生又为何如此这般地徐徐展开；第二条是事业追求方面的路线，体现为企业的成果、增长、盈利、增效。这两条线时时交错、彼此追逐、水乳交融，在两条线的齐头并进中，似乎总能从其中一条线里得到"他山之石"以攻另一条线的"此山之玉"。

　　直到 21 世纪初，当我为"量子领导"咨询机构①拟定宗旨与使命时，我才发现多年来一直被我看作两条不同的路实为一条，是一枚硬币的两面，它们都是为了探寻生命成功绽放的秘方——那颗让所有组织和组织中的人必胜的魔法石。

　　正是这条路催生了本书中的"有机组织"模型。

　　之所以写这本书，是因为我注意到，当今企业的领导层出现了明显的变化，企业的 CEO 乃至其他企业高管都出现了代际关系变化：成长在第二次世界大战期间、于 20 世纪七八十年代坐上领导岗位的领导者，已让位于成长在 20 世纪七八十年代、于九十年代及世纪之交坐上领导岗位的领导者。

---

①　2002 年，本书作者诺曼·沃尔夫创办了一家咨询机构，名叫"量子领导"（Quantum Leaders），以这本书里所阐释的"有机组织"为理论框架，帮各类组织应对当今面临的挑战。——译者注

前一代领导者倚重军事化、科层制、命令与控制式的领导力，而新一代领导者学习的却是协作能力、全球协作、给员工赋权。然而，体制中的老旧范式余威犹存，阻碍了新事物的生根发芽。

与这一代际转变几乎同时出现的状况是，人们开始认识到，明天不是昨天的继续，"历史的经验，用不到未来"，这正是马歇尔·古德史密斯的一本书的书名[①]。原有商业模式早已残破，新一代领导者嗅到了这个气息，最近的金融危机给我们的教训就是，未来不是过去的重复。那些曾为我们带来成效的模式、范式不再奏效，有人甚至认为可能已毫无作用，这些模式的"法力"尽失，至少看起来如此。其实，"法力"一直都在，只不过人们从不曾看到全貌，看不到自己的行为，也没能对创造成果的"法力"有过洞察。

本书正是为这些新生代领导者写的，以帮他们更好地遨游于组织里重重的影响因素之间。书中提出的新的商业模型，保留了以往模型中的有效部分，增加了新的概念，并将各部分整合在一个框架里。本书将为当代领导者提供更新、更精准的导航地图，让他们在这个世纪，在复杂的商业环境下行动自如。

我们将首先讲述现有范式的局限，说明为何需要新的商业模型，同时将辨别哪些东西在未来依然重要。接下来，再介绍新范式的基础，即"有机组织"模型，从一种视组织为生产机器的视角转变成视之为鲜活的创造主体的视角，看看这样的转变能带来多少成功的秘诀，这是第 1 章和第 2

---

① 此处有意直译英文原版书名，以便于读者理解原意，这里指的是 "*What Got You Here Won't Get You There: How Successful People Become Even More Successful*" 这本书，英文原版 2007 年出版。有两个中文译本，一个译本书名译作《习惯力》，译者为刘祥亚，广东人民出版社于 2016 年出版；另一个译本书名译作《领导力精进：成就极致领导力的 21 个管理细节》，译者为刘祥亚，文汇出版社于 2019 年出版。——译者注

章的内容。

对每个生命体乃至生命本身来说，关键的是要理解万物皆能量的道理。第 3 章将对能量的本质进行简要介绍，并以此为基础，考察能量是如何流经组织，如何在组织里转化，又是如何创造出组织所要的业绩成果的。我们还将介绍与业务相关的方方面面——人、流程、客户、资金——在整个转化过程中各起什么作用。我们还会考察旧有范式中有哪些有效成分可以吸收到新模型中，可以增加哪些新概念，进而形成一个更全息的有机模型，为当代的领导者提供参考。这是第 4 章至第 10 章的内容。

这个模型虽能呈现出在当今快速变迁的环境中影响着组织成败的因素，但还不够。因此，第 11 章和第 12 章还为大家梳理出了一整套管理流程，让组织的领导层、CEO 及高管团队、部门主管、团队主管乃至个人可以据此实施，以取得想要的成效。这套管理流程可以称为"实时执行系统"（The Real Time Execution System），这套流程不是为机械范式配置的，因为机械范式本身会限制创造力的出现，对执行过程造成制约；这套流程根植于"有机组织"模型，能让人便于处理不同的动力，让这些动力带来创造、激情、投入、承诺、协同、无与伦比的客户体验，等等。

你可能会发现书里面很多概念似曾相识，但我却不是从商业视角来谈的，其中很多概念涉及不同的学术领域，如物理学、心理学、长青智慧（perennial wisdom）①、哲学，当然也有商业领域的东西。有时我将前人的成果直接"拿来用"，放在契合之处；有时我又对前人的东西有所修改，或是添加些概念或是重组一番。另外书中还涉及了非商业领域的内容，我把商业视作生活的一个组成部分。

---

① 这里作者指"长青哲学"理念下的，看到所有人类不同宗教与智慧万宗归一的那些智慧。——译者注

就像新发现一样，我们也得益于前人的诸多贡献，我站在巨人的肩膀上，达到了自己的"新高度"，将一块块拼图整合成现代企业运作方式的整体图景，让大家可以看到如何更好地利用资源，以达成管理层及企业所服务社群（客户市场）的目标。对正在涌现中的新范式而言，这个模型只是组成部分之一，是组织理论在进化阶梯上的一个台阶。

在所有的旅行中，有用的地图总能帮上大忙，很多时候我也觉得自己像一个在很多未知领域游荡的探险者，我希望这本书可以成为下一代领导者手中有用的地图，帮他们在波涛汹涌、变化无常的商业环境中，游刃有余地战胜种种挑战。

第1章　当前体制之震

新的商业范式是重现"美好企业"的关键因素。危机推动组织变革。

第2章　新的视角：有机组织

组织远不止是物理上存在的机器。结合前人的智慧创造新的视角，将之看作有机物，才是激活组织的关键。

第3章 能量：有机组织的根本

所有生命体都是能量不同转化过程中的状态呈现。主动创造新的能量流动方式是组织实现进化的重要手段。

第4章 有机组织的能量

有机组织的能量之源是人，而组织与客户之间的流动是企业流程。流程效率提升和人员成长是组织发展的关键。

第5章 利润指标的利与弊

利润指标可以帮助组织衡量业绩。然而，将利润视为唯一追求是愚蠢的。

第 6 章　能量场：有机组织的彩虹

如果将能量场视为波，那么组织中的能量流动则是一道三色波。

第 7 章　能量共振

默契的合作会加强能量流动，形成共振，从而达到 1+1 ＞ 2 的效果。

第 8 章　组织利润的源头

体验是组织与客户之间的能量流动，是客户对企业产品的认知价值的驱动力，即利润的源头。

第 9 章　看不见的第三个能量场

背景能量场作为第三个能量场，在组织中看不见、摸不着。它是组织的宗旨之魂，为生命体界定了发展边界。

第 10 章　商业本质

传统的机器范式仅仅关注活动能量场。如果将组织看作有机体，那么另外两个能量场的因素应重新注入之前的范式内。

第 11 章　拼出全图

以往的战略规划并不适用于当今快速发展的商业。"有机组织"模型下的战略执行才是解药。

第 12 章　战略执行

战略执行模型为组织提供了一个很好的管理系统。在具体的应用中，组织应考虑多方面因素，全面推进，持续成长。

第13章　总结

商业作为社会的伟大推动力，声誉发生了巨大改变。这到底是何种原因导致的，以及我们应如何应对改变是组织应该持续思考的问题。

第 1 章　CHAPTER 01

当前体制之震

　　新的商业范式是重现"美好企业"的关键因素。危机推动组织变革。

风平浪静的过去给我们的经验已不足以应付当今的暴风骤雨，眼下的累卵之势充满艰难困苦，我们必须在这样的时局中奋起，面对全新的局面，我们无论是思考还是行动，都必须重新来过。

——亚伯拉罕·林肯

2010 年 4 月 3 日。全美国的苹果商店门口，数以百计的人排起长龙，迫不及待地想要将那宣传达两月之久、终于开售的 iPad 收入囊中。店门一打开，人们鱼贯而入，都想第一个抢到 iPad。发售的第一个月，iPad 销量就达百万台；到 2011 年 3 月，销量已超 1500 万台。

这是苹果公司发售史上的再次成功，不仅如此，它还又一次刷新了发售纪录。从 2007 年 6 月发布 iPhone 开始，2008 年发布 iPhone 3G，到 2009 年的 iPhone 3GS，每次发售都引来数以千计的用户在苹果商店门口排起长队，苹果公司卖出数量可观的产品，其中 iPhone 就有 3375 万部。

就像苹果公司每发布一款产品，就会刷新销售纪录一样，类似的业绩，在 20 世纪 30 年代也曾出现过；然而，在苹果公司风光的同时，贝尔斯登公司（Bear Sterns）和雷曼兄弟公司（Lehman Brothers）却双双倒下，各大银行需要巨额紧急财政援助才能活下去，一度风光无限的通用汽车公司（General Motors）的资产也被美国政府接管。

每位 CEO，每位领导者，无论组织规模大小、所任岗位高低，其压倒一切的目标都一样——创造出他们想要的业绩成果。每位领导者都志在领导组织出类拔萃，创造神一样的业绩，就像乔布斯那样，让每次新品发布都大获成功。

"苹果九个月之内卖出 1300 万部 iPad，创造了一个巨大的新的产品门类，苹果的模仿者甚至开创了一个产业。显然，就乔布斯的特异直觉来说，苹果这一把算是赌对了。"①

苹果公司一而再、再而三的成功是侥幸吗？他们有什么独到之处？是乔布斯独一无二的"特异直觉"造就了苹果公司的神话，还是苹果公司的成功之道有一套机制原理可循？

本书将用完全不同的视角来观察组织业绩创造的过程，阐述苹果公司成功背后的真正原理，其中的洞见和做法可以帮任何公司成就"神话"。除了苹果，还有很多其他的公司也创造了非凡的业绩，在经济不景气的时期同样彰显了它们的成功，在做法路数上，大家都有相似之处。

拉金德拉·西索迪亚（Rajendra Sisodia）在《美好企业》（*Firm of Endearment*）一书中描绘了一些不走寻常路的企业，这些"美好企业"在拥护传统商业范式的同时，另有一套行事原则，而不只是追求生产机制的有效。与所有企业相同的地方是，它们也关注效率提升、成本降低、股东价值最大化，但同时又超越了这些传统目标。它们有更高的使命追求，关爱、服务于员工、顾客、业务伙伴、投资人，乃至更大的人类社会。

这样的企业有哪些？又创造了怎样的业绩？大家对这些企业都已有所耳闻，很多人也渴望打造这样的企业。本书作者研究的这些公司，全都备受推崇，客户也对它们青睐有加，这些企业包括亚马逊（Amazon）、宝马（BMW）、"车美仕"汽车超市（CarMax）、卡特彼勒公司（Caterpillar）、美国商业银行（Commerce Bank）、容器商店集团（The Container Store）、"开市客"超市（Costco）、亿贝（eBay）、谷歌（Google）、哈雷·戴维森（Harley-Davidson）、本田（Honda）、IDEO 设计公司、宜家

---

① 语出美国《时代周刊》2011 年 3 月 9 日 David Pogue 的一篇文章 "*Appeal of iPad2 Is a Matter of Emotions*"。——译者注

（IKEA）、捷蓝航空（JetBlue）、强生公司（Johnson & Johnson）、乔丹家具（Jordan's Furniture）、里昂比恩户外用品公司（L.L. Bean）、新百伦（New Balance）、巴塔哥尼亚户外用品公司（Patagonia）、安伊艾户外用品公司（REI）、西南航空（Southwest）、星巴克（Starbucks）、添柏岚（Timberland）、丰田（Toyota）、乔氏超市连锁店（Trader Joe's）、UPS美国联合包裹运送服务公司、韦格曼斯食品超市（Wegmans）、全食超市（Whole Foods），等等。

在业绩方面，截至 2006 年 6 月 30 日之前的十年，这些公司的投资回报率是 1026%，同期"标普"公司（S&P）的投资回报率是 128%；而在过去五年[①]，这些公司的投资回报率达 240%，"标普"公司的投资回报率则为 −13%。

苹果公司的成功并非偶然，这些"美好企业"的业绩成效也绝非侥幸，这些公司的客户对它们的忠诚度毫不逊于"粉丝"对摇滚巨星和体育明星的追捧。这样的公司成就的不仅仅是业绩，更是一个个魔术般的神话。

果真是魔术吗？那我就来说说魔术。我做过一段时间的职业魔术师，每周在当地进行夜场表演，连演了三个月。从观众的角度看，我的魔术的确是让他们惊讶又想不通的，一枚硬币怎么能够在他们眼前凭空消失又凭空出现，在他们看来，这就是神奇的魔术。可在我看来却不是，我知道这些表象之后的秘密，也明白人们的幻觉是如何产生的。

---

① 这里的"过去五年"指作者写作本书时的前五年，本书英文原版成书于 2011 年。——译者注

亚瑟·C. 克拉克（Arthur C. Clarke）[①] 说过，"每种高级的技术手段也都相当于一种魔术"。我认为，看起来像神奇魔术的东西其实不过是尚未完全被人掌握的一种先进技术，其中肯定有必然的规律。

苹果公司，还有上述的"美好企业"，它们创造的业绩，只是看上去像魔术而已；实际上，这样的业绩，不过是由某些特定的因素、特定的能量，以某种逻辑和路径生成的。人们之所以觉得很神奇，是因为其中的作用力还无法被他们用某个模型框架予以解读和运用。

人们需要新的商业范式来解读这些作用力是如何造就业绩神话的，如何才可以像苹果公司、"美好企业"那样稳定且高位地创造业绩，虽然那些企业也没有把个中的原理公之于众。

本书提供的就是这样一个发展于已有商业模型之上的新模型。这个新模型不仅扩充了已有模型中缺失和漏掉的部分，还深度解读了如何将这些内在作用力进行综合运用，从而达成期望的业绩。就像是为你提供了一张详尽的导航地图一样，新模型能够帮助你领导组织向这样的业绩进发，最终取得在他人看来近乎神奇的成果。

但这并非易事，这里面的原理知易行难，需要人们重构自己的思维，换种方式思考业绩的创造过程。而像这样的思维重构很可能导致你在一些顾问、员工甚至董事会及投资人面前，显得孤独另类。

世界在巨变，关于人们为何相聚在企业里、事情应当怎么做的很多规则已被打破，我们目之所及——政治、教育、商业、环境，无不在震荡，放眼望去，再无风平浪静之地，那些曾帮助我们导航的"地图"已然

---

① 亚瑟·C. 克拉克，英国科幻小说家。其科幻作品多以科学为依据，其小说里的许多预测都已成现实，尤其是他对卫星通信的描写，与实际发展惊人得一致，地球同步卫星轨道因此命名为"克拉克轨道"。——译者注

失效。

世界风云变幻，当一切都似乎难以确定、不可捉摸之时，人的自然反应就是退回到原有模式的舒适区，并且复兴旧模式，像以前一样把人聚集起来——哪怕眼前的大量事实早已证明旧模式不堪驱驰。在世界的每个角落，都有一些想要回归到早先模式的人，想要让规则回到"美好往昔时代"。这也就是为什么，当有人想换种方式思考时会如此困难。

难归难，难道我们还有选择吗？那些过去有效、现在失效的东西还能继续吗？在此，我借用爱因斯坦的名言来表达一下，"要解决我们面临的重大问题，是不可能在生成这一问题的思维模式里找到出路的。"我一位朋友也是我的客户，美国国家技术系统公司（National Technical Systems）的 CEO 比尔·麦克基尼斯（Bill McGinnis），最爱引用马克·吐温的一句名言，"如果你一直坚持过去怎么做现在也怎么做，那么你过去收获什么东西，现在也只能收获那些东西。"

我认为，正是在这样的时代，当原有的集结人们共事的规则已然失效、世界不断变化的时代，更需要我们鼓起探索的勇气，放开腿脚去走从未走过的路；正是在这样的时代，我们该想想曾经未被我们想过的东西，也只有这样才能创造"神奇"。

1.1 商业体制发展进程

商业世界已演化了几百年，人类社会也早已从农耕时代进入了工业时代，我们也从林狩田猎、刀耕火种的社会，先是走到了有能工巧匠的手工业社会，后来又到了高效生产的现代社会。在这个过程中，商业也演变成了商业资本体系，以这种模式运转的地方，资本商业体制便成了社会前进的引擎。

从早期的重商主义到后来的工业革命，商业的主要内容一度为求进、求新、提高生活水平；但到后来，商业已不再是创造及进步的引擎，而是成了造成破坏与毁灭的机器。

这个曾造福了我们长达300多年的商业模式还适用于当今社会吗？这种模式曾推动社会进步达几个世纪之久，如今还靠得住吗？

乍看上去，好像各种迹象都表明，回答应当是肯定的。无论是媒体言论还是我上述的这些问题，好像都说明传统的模式已日薄西山，人们需要新模式的诞生。

可是别忘了，过去300多年间的商业做法与商业企业一起为人类带来了非比寻常的进步，所以，别着急一股脑都将其视作糟粕扔掉。现有模式中还有很多合理的成分，不能因为觉得现有经济模型好像不管用了，就把它看得一无是处；经济要素的交换在系统层面可能依然奏效，只不过在运用层面上已经捉襟见肘了。

的确，雷曼兄弟公司和贝尔斯登公司退出了历史舞台、通用汽车公司也被美国联邦政府接管；的确，房子市值急转直下，很多人的资产净值因此大大缩水；的确，如今的失业率高达可怕的9% ~ 10%。即便这样，还是有很多公司活了下来，还活得欣欣向荣[1]。

再想想看，苹果公司发布 iPhone 和 iPad 取得的巨大成功，弗雷斯特研究公司（Forrester Research）[2]的分析师莎拉·罗特曼·艾普斯（Sarah

---

[1] 根据本书出版的时间，注意这些现象指本书写就期间，即指2009—2011年间美国的经济状况。——译者注

[2] 弗雷斯特研究公司是一家独立的研究公司，为商业及科技的全球领导厂商提供实务性和前瞻性的咨询服务。——译者注

Rotman Epps）说，"像 iPad 这种产品的表现不同于其他消费品，在其背后有势不可挡的冲劲，这说明人们对这种新产品形态的需求大得离奇"。

　　既然苹果公司、"美好企业"，以及我所提供咨询服务的一些公司都能创造神话，其他公司怎么可能做不到？你的公司怎么可能做不到？

　　现有模式是有缺陷，可人类创造的任何模式都会存在缺陷，因此我认为，传统模式的基本原则依然适用，不要觉得它一无是处。我们可以看看是否能找到方法，加强其积极作用、消除其负面影响；是否能创造一个系统，既发挥其高效、对社会有利的一面，同时又消除其不好的副作用？企业领导者在决策时，能否既考虑想要达到的业绩成效、给组织带来利得，也同时给社会带来好处？我自己在探索组织业绩是如何被创造的过程中，也发现了以上问题的答案，本书将一一揭晓。

　　我发现体制内在的性质本身并没有缺陷，问题出在人们对其内部机制的理解上，我们在这个体制里用以决策的模型才是造成体制失效的原因。换言之，我们行走的这片土地本身并没有问题，问题出在我们手中的"地图"并未将这片土地上所有的沟壑完整地绘出，难怪我们一会儿身陷流沙、一会儿又路阻湍流。我们是有什么东西没弄明白吗？我们现在手中的这张地图，即现在的商业模式，还有什么没说明白的吗？

1.2　商业的作用力

　　我的背景是一个工程师。我准备先从科学的角度来研究一下商业体系中的各种作用力，用"力场分析法"对构成当今社会状况的各种作用力进行阐释、识别和梳理。社会心理学奠基人库尔特·勒温（Kurt Lewin）是最早对群体动力（group dynamics）和组织发展（organizational development）进行研究的人。他提出的"力场分析"（Force Field analysis，FFA）这一工具不仅改观了社会科学，也常被当作战略规划的工具使用。

从图 1-1 里可以看到这一技术分析的框架，它可以帮助人们分析任意场景下的各种因素（作用力），弄清哪些作用力推动目标实现（动力），哪些作用力阻碍了目标实现（阻力）；同样，我们的传统体制，以及这种体制下的每家公司，也有类似的两种力在起作用。

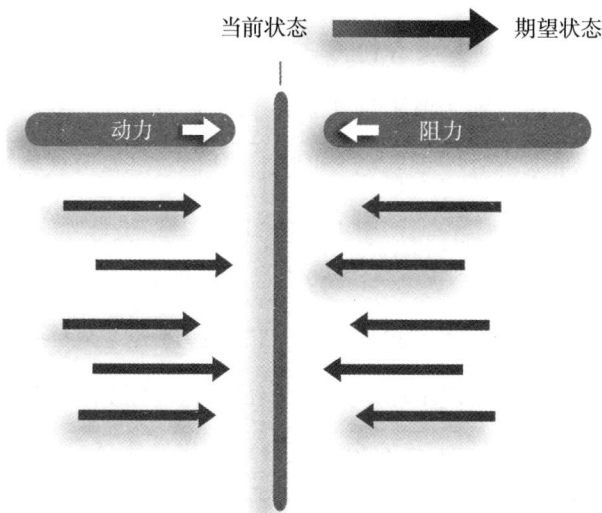

当前状态 ➡ 期望状态

动力 → | ← 阻力

图 1-1 "力场分析"技术框架

不管分析什么系统，识别其中的所有关键作用力都是难点所在，之所以难是因为人的世界观本质上会给人造成局限，个人或群体的世界观提供了我们理解世界的框架，但也将一些本可触及的信息屏蔽在了自身世界观的框架之外。

在人类认为地球是平的时代，无法想象可以航行到新大陆上，甚至从未想过有这样的大陆存在；在人类把地球看作宇宙中心的时代，不可能真正理解行星是如何运行的。我们现在对组织业绩创造过程的认知，正是我们的挑战点，这个挑战让我们去超越固有的世界观，只有这样才能理解经济交换系统中所有的作用力。

每个新发现都在挑战旧范式，旧有"正统观念"对新东西的第一反应就是拒绝，仍试图从旧框架寻求解释；当越来越多的证据表明既有范式无法完整阐释这个世界的运作模式时，新范式就开始演生。在新范式出来之前，旧范式无法完全解释的作用力就被人们权且认为是一种神秘或神奇的东西。

例如，詹姆斯·克拉克·麦克斯韦（James Clerk Maxwell）[1]提出的电磁学说表明光和电、磁现象一样，也是一种在场中传播的电磁波，麦克斯韦把这样的场叫作"以太"。这个理论虽然推动了经典物理的发展，也解释了以前无法解释的一些现象，却没能说明"场"是由什么物质构成的，又是如何施加影响的。于是"以太"又被看作一种神秘的存在，直到量子物理的出现，才揭开了亚原子世界的面纱。

同理，人类经济体制中的作用力就像是"以太"一样。比如，亚当·斯密（Adam Smith）[2]在解释市场自我调节性质时，这样写道："人以这样的方式调整着自己的行为，在自己利益最大化的同时，这个过程中及其他很多过程中，都有一只**看不见的手**带着人走向某个结局，尽管人开始时并没这样想过。"

就像麦克斯韦经典物理中的"以太"概念一样，亚当·斯密也只知道有一种强大的力在起作用，但无法解释那是什么东西。时至今日，大多数经济学家依然认为存在某种我们无法理解也无法看见的力在调节市场。

---

① 麦克斯韦是英国物理学家、数学家。经典电动力学的创始人，被普遍认为是对物理学最有影响力的物理学家之一。没有电磁学就没有现代电工学，也就不可能有现代文明。——译者注

② 亚当·斯密是英国经济学家、哲学家、作家，经济学的主要创立者。亚当·斯密强调自由市场、自由贸易及劳动分工，被誉为"古典经济学之父""现代经济学之父"。——译者注

2010 年 9 月 2 日的《纽约时报》上有这样一个标题——"伯南克^①表示自己未能发现金融系统缺陷"。这位美国联邦储备委员会主席在文中这样说道："让我没料到的是，这个金融体系在一定程度上是有缺陷和弱点的，以至于放大了次贷危机的冲击，使之演变成更严重的危机。"

无论人们是否看得懂，作用于某个系统的作用力一直都在，根据"力场分析"工具，有些力是促进的力，有些力是阻碍的力。伯南克及其他一些人也发现了，有的力可见，有的力虽不可见但影响巨大。

拿两个做同样事情的团队来打比方，其中一个团队高度协同而另一个相当混乱，协同得好的那个团队成功的可能性更大，那个混乱团队虽然也在做事，但想成功却更难。"协同"这个看不见的力在决定这两个团队谁能胜出的过程中起了关键作用。但是，正是因为"协同"这个因素像是"以太"中那些看不见的"场"一样，很多管理者并不考虑这个因素，甚至都不知道如何处理。同样，不知不觉形成的组织文化既可能为群体注入活力，也可能成为群体变革的阻力。

有的力还会带出暗处的力，微软的功成名就使得它染上了一种目中无人的习气，这正是随着成功而来的阴影，这种目中无人导致了全球很多监管机构都在找微软的麻烦。由于我们手中"地图"的信息有限，这种藏身于阴影中的力所起的副作用常常让人难以预料。

暗处的力不见得都是不好的，也有另外一些能促进成功的作用力，问题在于我们手中的"地图"无法帮我们辨认出它们的存在。心理学家卡尔·荣格（Carl Jung）指出，如果人能把自己的阴暗部分整合起来，就能

---

① 本·伯南克是美国经济学家，美国联邦储备委员会前主席，2014 年 2 月 1 日任期结束卸任；美国次贷危机（subprime crisis）也称次级房贷危机，也译为次债危机。它是指一场发生在美国，因次级抵押贷款机构破产、投资基金被迫关闭、股市剧烈震荡引起的金融风暴。——译者注

收获更多的成熟和智慧。同理，商业和资本体系也一样，水能载舟亦能
覆舟，商业可以推动社会进步也能阻碍社会进步。只有深入了解基本作用
力，才能收获荣格所说的"智慧"。

面对今天的危机，我们只能去理解所有影响到结果的作用力，包括看
得见的、看不见的，明处的、暗处的。对这些作用力，高效的管理人士会
找到新办法来理解、使用它们，一旦知道了如何运用它们，就能在改进自
身、改进企业、改进社会方面实现飞跃。

苹果公司、全食超市、"容器商店"等在严峻经济条件下取得的成就
给我们上了很好的一课，我们接下来将以科学的方式探索能解释这些现象
的作用力，包括动力和阻力。

对那些因我们现有范式所限而不可见的作用力，我们也努力使之显性
化，只有这样我们才能理解并释放所有组织身上的力量。

1.3　调适变革之际

像当今的传统商业体制一样，当一个系统进入混乱状态时，当所有旧
规则都失效时，我们可以认为这是体制的失败，但换个角度看，这也是演
化的自然之道。

演化，是一种自然之力，平时藏而不露，但当某个物种、某个系统不
能再适应环境时，它就会显现出来。显现的方式，就是制造危机，迫使
系统适应新环境，不然就灭亡。在我们的演化发展中，调适、变革——这
样的召唤也来到了我们眼前，我们怎么做将决定着我们的商业和社会的
未来。

第 2 章

新的视角：有机组织

组织远不止是物理上存在的机器。结合前人的智慧创造新的视角，将之看作有机物，才是激活组织的关键。

生命中隐藏的力量，只有通过生活才能发现。

——索伦·克尔凯郭尔

要想理解组织神奇绩效背后的东西，需要我们去除思维中的一些滤镜，有些滤镜使我们无法好好地理解周遭世界。如果想观测爱因斯坦理论里预言的东西，先要造出新的观测仪器；同理，想要看见当今商业世界里不可见的作用力，以及它们是如何作用并让神奇结果得以出现的，我们需要拥有新的思维视角。

　　我关于"业绩如何得以创造"的探索，始于1975年我在惠普首次升任管理岗位之时（在惠普的13年间，我的职位一路高歌猛进，面临的复杂状况也随之一路攀升）。1988年离开惠普到现在的23年间，我在各行各业、各种企业里做过，我一直在关注：如何才能让大家期待的绩效显现出来？我不断思考，为何有的企业有"点石成金"之术，有的企业就没有？

　　我出任过很多企业和组织的"头儿"，为了打造运作顺畅、行动高效的组织，我快速地发展了所需的技能，计划、组织、控制各方面都可以做到相当优秀。但随着每一项新管理技能的获得，我又觉得好像有什么东西缺失了。管理这门科学学起来不难，可领导这门艺术却难以握在手中，但我相信，其中的奥妙我是能够找到的，在这个领域谈的人多、真正懂的人却少。

　　为探究创造神奇绩效之艺术，除了发展管理技能之外，我还考察过所有可以让我明白究竟的领域，包括参加不同宗教、不同深度的心灵类活动，研究实用性较强的物理学、心理学、生物学等，我甚至还考察了神学，想看看能否从中解开业绩转化的神奇之谜。

随着探究的深入，我发现各个领域都有一条智慧的线贯穿着，它可以解释我们人类何以能够生存、繁荣并在生活中创造果实；我发现了有机组织和生命有机体之间的神秘关系，当把组织比作有机体之后，关于如何看待领导力、组织，我似乎找到了新的视窗。

有机组织理论模型整合了这些发现，揭示了我看到的秘密——组织如何响应当今快速变迁的环境，并且创造出神奇的业绩。

英语里说"组织一家'公司'（corporation）"时，会用 incorporated 这个词[①]，拉丁词根意为"形成一个实体"的意思。公司作为一种"实体"存在，不仅仅是指形态上、物理上的存在，也包含了其作为活着的机体的存在。因而美国和英国的法律体系都把公司当作"法人"来对待，公司拥有和自然人一样的权利。

组织和其他生命形态一样，吸收能量，再把能量转化为其他物质，以此进行创造。这个过程在植物身上叫"光合作用"，在公司身上叫"生产过程"，两者的相同点是机体都做出了超越自身的更大贡献。

公司和人、植物及其他生物一样，也有出生、成长、死亡的过程，也受生命法则的支配，像人一样有不同的需求层次。尤其在后现代社会中，公司本质上就是一种生命，公司会"结婚"——公司与公司间的并购；公司也"生子"——公司业务剥离；公司"长好"之后，可以选择"新生 / 再生"，在新方向上"开枝散叶"（新市场、新产品乃至全新的商业模式），也可以选择逐渐"枯萎凋零"以至"死亡"（清算、破产）。

每一轮生命周期都将有机组织带向全新的、更阔达的生命形态。组织发展到更高阶段后，有望给组织外的社会带来更多贡献，也给组织里的人

---

① 英文中表示公司的名称常见 Inc. 这个缩写，即 incorporated 一词的缩写，表示这个公司是股份有限制公司。——译者注

带来更多贡献，人就是组织的"细胞"，是人赋予了组织以生命。和所有生物一样，公司要么适应环境的变迁，要么走向灭绝。即使公司最后"死去"了，也为其他新公司的繁荣发展开辟了道路，因为死去的公司会将新组织的种子播撒出去，让新组织得以萌芽、降生。

有机组织理论将组织看作复杂、有适应力、活生生的有机体，这是依据"人体"的原理构建出的理论。"人体"就是一个组织，管理的"员工"①数量达万亿级，"员工"间既独立工作又协调共事，其复杂度达到了最高等级，却又能不可思议地高效运转，这就是我们强大而又神奇的人体机能。

2.1 组织远不止是机器

每个生命体都受物理定律的影响，如压力、体积、温度等，人体血液的流动遵循流体力学定律，大脑的活动也伴有电磁流的产生，但就算人体的机能可以通过物理定律来说明，人就能被当作一台抹了油的物理意义上的机器吗？

组织与人体一样，也受物理定律支配，机器的运转是因为某些定律在起作用，因此，传统机器论视角中的一些基本要素仍是必要的、可用的，还需要继续接纳；可是如果在整体上依旧将组织视为一台需要不断优化的机器，这种视角就显得捉襟见肘了。因为，组织就像人体一样，远不只是一台抹了油的物理意义上的机器。

支配人体的某些作用力，是物理定律无法解释的，即便备受推崇的西

---

① 这里的"员工"指人体细胞。——译者注

方医学如今也慢慢开始接受，有些影响人体健康、生命状态的作用力，不是现有的科学能够解释的。例如，尽管人们还没有完全弄懂人的身体与心理之间是如何联系的，但已确定这两者间肯定有联系。人们喜欢捕捉由直觉得到的一些洞察，虽然那些东西无法解释产生缘由，但事后能证明这些洞察都是对的；还有"协同效应"这种东西，也是如此；对于一些能带给我们成功的关系因素，像"第六感""恍然大悟"等，人们也很想主动地去掌握和使用。

宇宙中（及商业世界里）存在很多发挥着影响的作用力，只不过有的人对此不求甚解、不加理解，只是顺受，觉得本来就无从得知：好事发生时他们认为是福气降临、老天保佑，不好的事发生时就认为是获罪于天、天降灾祸；还有的人只把这些当作"法力"（好事就称之仙术，不好的事就称之巫术），还有不少人期望有这种"法力"的存在[①]。

2.2 有机组织的神奇之处

很多创造了神奇业绩的组织自己也觉得无法解释为何成功，乔布斯及其团队时不时地就能变这样的魔术，但苹果公司的这种本事他们有没有办法教会别人呢？学术界和咨询界都在研究这些卓越的公司，想解释它们"卓越"的原因，比如吉姆·柯林斯的畅销书《从优秀到卓越》（*Good to Great*）就想帮大家弄明白企业为什么可以卓越。然而，书中的有些公司并没能一直卓越下去，我们如今眼见一家家巨头公司，从通用汽车到 IBM，

---

① 作者意为，不少人期望可以不劳而获地"点石成金"，于是希望这种"法力"真实存在，以便自己可以因之得到好处。——译者注

都已经风光不再；就连我的老东家惠普，这个硅谷曾经的标杆企业，如今也闹出丑闻，没了当年的精气神。

显然是有种尚未被人理解的东西在起作用，是它左右着我们显性的业绩，这是可见、不可见的两个世界在微妙地共舞。正如物理学用"以太"说明了麦克斯韦研究的一些问题一样，本书也将试图说明亚当·斯密在 18 世纪发现的"看不见的手"，从此我们就不必再稀里糊涂地认为是有什么看不见的作用力了，不必再认为那是"上帝之手"或是某种神秘力量在起作用。

为做到这一点，得先承认我们之所以看不到这些作用力、双眼之所以被蒙蔽，就是我们现在所持有的世界观造成的，虽说这些世界观在历史上曾带我们走向成功。我们应当明白，人的世界观在让世界变得井然有序的同时，也造成了局限。要想理解、看出那些隐藏着的作用力，并在日常决策中加以运用，人需要新世界观的帮助。只有借助全新的、更强大更明锐的透镜去看世界，看不见的作用力才会显现在我们眼前，而这样的透镜应该能帮助我们跳脱出来看我们身处的这个世界。就像物理学需要突破经典的牛顿力学世界观一样，我们也同样需要以新范式取代原来那种理性、机械的范式。原有范式让我们一叶障目，看不出有什么东西在影响业绩和结果，也局限着我们选择的范围。

《从优秀到卓越》里那些公司的成功之所以无法复制，其中有些公司之所以走向衰败，其真正原因就在于我们现在去看现代公司的种种状况时，用的是原有商业范式下的透镜，视野窄小、功能又不强，所以无法揭示当今世界公司成败背后的作用力。

2.3 呼吁远远不够

呼吁人们在根本范式上做出深刻的转变，本书之前就有人在做了，"企业社会责任"（Corporate Social Responsibility）运动早就呼吁企业像社会公民一样，把社会的整体福祉放在企业追求的个体利润之上；还呼吁企业从"股东"模式转向"利益相关者"模式，不应只考虑股东回报，还应广泛地考虑所有利益相关者，包括员工、顾客、供应商、社会整体；还有人在呼吁"觉醒领导力"，希望企业领导者能进入更高的意识觉知水平，将"更大角度的甚至道德层面的"东西作为战略决策时的考量因素。

面对所有这些运动，我并无反对之意，然而我并不觉得这些运动真能给我们带来 21 世纪所需要的变化，每一个运动，"雷声"都很大，但在大范围的运用及世界观的深刻转变上，却无法提供堪用的模型。当人们囿于"组织是生产机器"的世界观时，又怎会出现对社会负责的企业？机器不会当然也不可能为社会负责，它不可能具备道德感，除非有了范式上的根本变革。到目前为止，要求组织在行为上做出改变的理由，都是希望组织去追求"更崇高的使命"（higher purpose），即所谓"若你向善，利润自来"（Do Good for Good's sake and you will profit）。

我当然相信这一点，也有相当数量的事例证明过这一点，但这究竟是什么原理？为何向善就能带来好的业绩成果？这是需要我们回答的问题。组织领导者们需要一个新的理论模型，一个既在原则上站得住脚，又能更好地解读周遭世界的模型；一个能提供相应的工具，比原有模型更能带给组织成功的模型。

到目前为止，向"组织是生产机器"的范式发难，还主要是基于一些零散的证据，像《从优秀到卓越》和《美好企业》等书就在用很多事例证明这种挑战带来的良好效果，可这些事例本身却没能告诉大家怎么一步步向前走。虽说书中的事例说明了成功企业的特质，但却没有说明这些特质是如何转化为组织的成功的，只不过简单地认为让其他管理者依葫芦画瓢、"坚信就好"，然后好的成绩最终会到来。

这里面的基本出发点和对未来的展望，我觉得都没有问题，但光凭好的展望是无法带来范式转变的。的确，我个人对这些出发点的正确性既信服也接受，因为在我过去的经历中，我的确因遵循着这些书中的原则而获得了成功；我也承认，对于遵循这些原则但尚未成功的那些人，他们在缺乏合理解释的前提下，要接受这些内容的确需要"坚信就好"。可对大部分领导者来说，他们如今面临的挑战，其复杂度胜于以往，这个"坚信就好"的要求有点高。

2010 年 8 月 23 日《华尔街日报》有篇文章《企业社会责任之反例》写到以下内容。

企业向善就可以活得好吗？可以——有时候可以。

如今的大企业都人云亦云地宣称它们所做的事业不只为了赚钱，还致力于为更高的社会使命做贡献，它们大力宣扬为此付出的种种努力，说它们生产的食品更健康、汽车更节油，它们的生产过程节约了能源及其他资源，或者宣扬它们在让世界变得更美好。像美国管理协会（Academy of Management）和联合国这些有影响力的机构也都在鼓励企业应当以此为要。

也难怪这种想法赢得了很多人的支持，这种观点是挺具有号召力的，每个人都可以把脸贴上去蹭一些热度。

可这些都是浮云，还潜藏着危险。

原因很简单，当企业的利得和公众利益相向而行时，所谓企业社会责任的提法是多此一举：因为此时企业只要追求利润增长，就直接等同于促进了公众利益；而当企业利得和社会福祉背道而驰时，这时呼吁企业讲社会责任几乎就是徒劳无功的，因为企业高管不太可能主动地以公众利益为先来损害股东利益。

文章作者指出，除非企业可以看到与社会为善能带来什么好处，它们才会自觉地如此行事。可是，这非得是一道二选一的选择题吗？难道企业的社会责任与核心使命总是相悖的吗？有没有一种企业的运作模式，可以实事求是、贴合实际地证明，关心社会又积极行动的企业确实能给投资人带来最大回报？有没有一种运作模式来呈现这两者之间其实是互为增益而不是剑拔弩张的关系，然后让企业以此去提高效率、增加赢利、发展新机遇？

是"机械世界观范式"把我们局限在了让选项打架的选择题里，为了让大家理解这一点，我们来研究一下机器的本质。机器的使命只有一个，那就是尽可能最高效地产出东西，只要产出的效率和收益有保证，产出什么它并不关心。机器只是按部就班地听命行事而已，是我们纵容企业变成了"无脑的机器"，听命于股东、市场、市场操控人士、市场预测人士、政府的监管部门，他们说什么企业就做什么。20 世纪 80 年代以来，大部分企业的唯一目标都是股东利益最大化，企业奉此命行事，而且还像机器一样，想尽可能更快更好地实现这个"最大化"。

以升级版的世界观来看，企业是生命体，最佳的业绩成效并不来自组织之外却出于组织之中。从组织被创造的那一刻起，组织内在就已有了其"为何而存在"的使命，如同所有生命体一样，有机组织想要活出自己的价值，雁过留声、使命必达，并为所服务的客户提供最大的利益。生命体、组织，是与其所处环境互为关系的，它们有赖于环境，环境也有赖于它们。

　　位于美国加利福尼亚州的大苏尔（Big Sur CA）海岸线 ① 的峻岭之间、俯瞰太平洋之处有一个叫"伊莎兰"（Esalen）② 的静修中心，我受邀向伊莎兰的管理团队介绍"有机组织"理论模型，他们当时正在探讨组织的下一程路该怎么走。我介绍完后，他们用"情景规划法"（Scenario Planning）工具 ③ 来思考未来可能出现的情景，可我在他们的对话中却嗅到了一种"机械式"的味道，他们讨论得如火如荼，我却感觉这里面缺了某种火花一样的东西。

　　于是我邀请他们转换一下看待组织的视角，不要用一步一步的思路，而是找到与这家组织漫长岁月深深相连的那种感觉，我请他们把"伊莎兰"想象成一位优雅的女士，她的美、她的魔力，多年来让许多人倾心于此。这位女士现已进入不惑之年 ④，正渴望开辟新路来贡献于这个世界——

---

① 这是美国加州中部自蒙特里至圣西梅恩的一段海岸线的名称，位于加利福尼亚中央海岸一个人口稀少的地方，圣露西亚山从太平洋上突兀升起，形成崎岖的海岸线和山景，这片长约 90 英里（约 144 千米）的海滨地带位于卡梅尔海滨小镇（Carmel-by-the-Sea）与赫氏古堡（Hearst Castle）之间，红杉茂密、迷雾缭绕，因此被誉为"美国最长、最美丽的未开发海岸线"，著名的美国一号公路穿过这里，被称作"修在画里的公路"。——译者注

② 这里指著名的伊莎兰学院（Esalen Institute），这里每年举行 500 多场自我变革和社会转型的研讨会，主题多种多样，包括歌曲创作、夫妻间沟通等。这里是大苏尔的一座世外桃源，吸引全世界的游客来此探索人类的潜能和内心的秘密。游客可享受独特的 Esalen 按摩、月光沐浴、天然温泉、情侣研讨会、瑜伽等活动，唤醒身体的自然能量，以最平静的心态改变生活模式，触摸世界本质。——译者注

③ 情景规划的做法最早出现于第二次世界大战之后不久，当时是一种军事规划方法。20 世纪 60 年代，兰德公司和曾经供职于美国空军的赫尔曼·卡恩（Herman Kahn）把这种军事规划方法提炼成一种商业预测工具。直到荷兰皇家壳牌石油运用它成功地预测到发生于 1973 年的石油危机，情景规划法才第一次为世人所看重。原始做法是一个分析小组根据模拟游戏进行决策，游戏包括已知事实和未来事件，如人口统计学、地理、政治、工业信息和矿产资源等，对社会、技术、经济、环境、教育、政治提出有用的建议。——译者注

④ "伊莎兰学院"创办于 1962 年，可以推测作者这里提到的故事大致发生在 2002 年，即当时的"伊莎兰学院"已历经 40 年的发展。——译者注

一条既发挥她本人天赋又能带她走入新生的路。我的这个邀请改变了现场谈话的性质，为大家继续向前探索打开了新的大门，还激起了管理团队及相关人员心底的波澜，这样的视角为组织带来了新生。

当我们只片面地把公司实体视作"生产机器"时，就会有一种内在的成见，而只有将组织视为活的有机体，才能够摆脱这种成见。把组织视为活的有机体，还能帮我们在更广阔的领域中汲取智慧，如物理学、生物学、心理学等领域，这些领域中那些更加深刻的"长青智慧"可以指引我们，让组织像人一样活出精彩，让组织为客户、为整体社会做出重要的贡献。在生命体身上的这些道理，也适用于有机组织。

2.4 基于前人智慧创造新视角

人类的长青智慧中有一条，就是告诉我们生命是由很多相反相成的东西形成的，有上必有下、有黑就有白。这种现象处处可见：左脑思维与右脑思维结伴而行，逻辑与情感相互平衡，想象与事实彼此对应，形体与精神比肩并立。

在人类深入探究生命奥秘的过程中诞生了科学方法（Scientific Method）[1]，这是一种牛顿力学下的还原论[2]，科学方法是弗雷德里克·泰勒

---

① 科学方法是人们在认识和改造世界中遵循或运用的、符合科学一般原则的各种途径和手段，包括在理论研究、应用研究、开发推广等科学活动过程中采用的思路、程序、规则、技巧和模式。——译者注

② 还原论或还原主义（英文为 Reductionism，又译为化约论），是一种哲学思想，认为复杂的系统、事物、现象可以将其化解为各部分之组合来加以理解和描述。——译者注

（Frederick Taylor）^①"科学管理"的社会性基础原理，而科学管理正是当今商业世界范式的一部分基石。在这种观点看来，物质是物质，能量是能量，换言之，有形的、物理存在的世界与无形的精神世界互不相扰。

爱因斯坦后来提出的著名质能方程"能量 = 质量 × 光速 ^{2}"（$E=MC^2$）改写了这一切，爱因斯坦用这一简洁的公式指出物质和能量不是对立的，是同一枚硬币的两面，物质就是能量、能量也是物质。物质与能量之间的等价关系并不是由爱因斯坦创造出来的，其一直都在，只不过爱因斯坦延展了人类的理念框架，为我们提供了看待世界的新透镜，揭示了此前被人视作两相对立的两种事物之间相辅相成的联系。

人如何才能更好地影响业绩成果？为理解这一点，我们必须明白物质的世界和非物质的世界之间是如何相互关联的，必须明白物质的世界是如何从非物质世界中那些不显山不露水的能量中生发出来的。这不是什么新现象，就像爱因斯坦所做的，我们只需把看世界的透镜延展一下，就能看到在这世上早已存在的现象。

如前所述，人总在相对的两极之间忙活着，可这正是生命的本质，其中的一极离不开另一极。硬币由正面和反面构成，但两面之间是对立关系吗？从还原论来看，我们的确看到一面正、一面反，它们是相悖的。但众所周知，只有正反两面都存在，一枚硬币才能存在。当我们的参考框架从机械还原论扩展到有机全息视角时，就能理解所谓相悖的两样东西其实是相辅相成的，是同一枚硬币的两面。

正是两种力量的相辅相成、相互平衡才创造了人可以感知的生命，人的生命就是由这些力量创造的，是这些力量因果互动的结果，没有这种相

---

① 泰勒是美国著名管理学家、经济学家，被后世称为"科学管理之父"，其代表作为《科学管理原理》，其贡献是对管理的科学化、标准化定义。——译者注

对，生命就不可能存在。要是没有科学，我们的世界就会糊涂混沌；但要是没有精神，我们将成为没有灵魂的机器，没有艺术没有了美，也就不会有那种创生的能量来让生命绽放、让我们想要的东西显露。上与下、黑与白、善与恶，就像正面与反面共同造就了一枚硬币一样，它们带来的两相平衡造就了生命的合一。

像爱因斯坦的发现一样，有机组织理论也是我们进化旅程的一个组成部分，它建立在所有之前的理念之上，是我们看这个世界的透镜的延展，能帮我们看到业已存在的作用力如何作用于我们所创造的业绩成果。生命本就是一个创造的过程，所有有机体都是一种创造的存在，创造就是让某种东西得以成形的过程，让不显山不露水的东西得以显现的过程——形体脱显于精神，某一具体的成果脱显于无边的可能。

鉴于任何东西都是能量，我们接下来就一起来了解一下能量这种东西的性质，它是所有生命的源头。

第 3 章

能量：有机组织的根本

所有生命体都是能量不同转化过程中的状态呈现。主动创造新的能量流动方式是组织实现进化的重要手段。

思维的能量是生命的精华。

——亚里士多德

于我而言，从员工变成主管并非易事。我开始认识到自己的成功不仅有赖于自己的努力，而且有赖于我周围的人。我需要有能力来协调我周围的各种作用力，这些力用眼睛看不到，但能被深切地感受到。

在人们和我互动的时候，我能感受到这种作用力。很多时候我觉得自己讲清楚了某件事，但却发现别人收到的信息完全不同。在我发出信息的过程中，一些连我自己都意识不到的信息，被人们接收到了。这些是什么信息？我又为什么会不知道？

在创造组织业绩的过程中，我也有同感。有时我领导的团队可以取得神奇的成功，例如在惠普时的成功，而另一些时候结果则不太理想，但似乎我前后所做的事没什么两样。我想知道是什么东西在我和团队所做的努力之外，影响并造成了不同的结果。

为了帮助自己解答困惑，我向当初那个还在学习系统工程的自己"取经"。我发现那些能用于科学分析和解释复杂物理系统的原则，也同样可以被用来分析组织系统和组织问题。对那些会影响自己达成目标的因素分析得越深入，我就越清晰地意识到自己在和各种形式的能量共处。我开始理解，创造业绩的过程，完完全全就是与能量有关的过程，是关于能量如何在组织里流动的过程。

3.1 结果是能量转化而成的

目前已知的关于能量的讨论可以追溯到公元前 625 年—公元前 545 年间。古希腊哲学家泰勒斯（Thales）提出了"Vis Viva"一词，这个词意为"生命力"。我们可以通过很多科学家和哲学家们的研究成果来了解关于能量的概念和知识，例如，戈特弗里德·莱布尼茨（Gottfried Leibniz），艾萨克·牛顿（Isaac Newton），托马斯·杨（Thomas Young），威廉·兰金（William Rankin），开尔文勋爵（Lord Kelvin），阿尔伯特·爱因斯坦（Albert Einstein）及其他人。

我们现在对能量认知的基本点是，知道了能量不生不灭。物理学家、诺贝尔奖获得者理查德·费曼（Richard Feynman）在 1961 年的一次讲座上是这么阐述能量守恒定律的：

"有某种数量上的东西，我们称之为能量，虽历经自然的沧海桑田亦不为所变，这个观点抽象之极，因为这是一个数学原理。这个原理说的是，有某种数值上的量，不随事物的变迁而改变。这里说的不是某种机制，也不是指具体存在的东西，而是一个怪诞的事实，我们对一些数值先进行一番计算，然后看自然造化之各种神奇变迁，完了以后我们又再计算一番，数值仍旧一般无二。"

无论系统发生了什么变化，任何系统里的总能量是守恒的。就如爱因斯坦所理解的，能量只能从一种形式转化成另一种形式。在他之前的牛顿也指出：能量既不能凭空产生也不会凭空消灭。如果所有的东西都是能量，而能量既不能被产生也不能被消灭，那么我们也可以认为创造结果的过程，就是把某种能量向我们所希望得到的结果进行转化的过程。

3.2 能量的多种形式

能量有多种表现形式。我们可以感受，但是看不见。能量分为势能（有待展现的能量）和动能（正在展现的能量）。能量的形态既可以有形，也可以无形。

某些形式的能量比较容易被观察到，而有些形式的能量，我们虽然知其存在但却难以感知。流动的河流、一束光柱，以及其他像桌子这样固态形式的能量很容易被观察到。个体或群体在行动中的能量也很容易被观察到。

有些形式的能量，可以通过其造成的影响而被观察，电力、磁场、射线、人类思维，甚至人的动机就是这类能量的例子。我们虽不能直接通过感官觉察到它们，却仍然能肯定它们的存在，因为我们可以发现它们通过次级介质造成的影响。我们能够用设备检测到电力和射线，可以通过观察铁屑的闪光实验验证磁场的存在。借助 MRI 扫描记录下人类思维的能量曲线，科学家们就可以画出负责不同思维类型的大脑区域图。

还有一些能量流我们既看不见也检测不到，但我们能通过感受它们造成的影响而知道它们的存在。意识和感受、思想和情感都是我们身体组织能量运行的方式。我们知道能量从我们的感官进入身体，通过神经元系统和思维系统进行运行，我们还知道思想所产生的能量与身体所感知的能量（即情绪）之间的相互关系。

被称作体验的那种感觉，本身也是一种能量，但它却不是由我们身体的五感处理的。例如，看到日落或孩子的笑脸会使人产生感情，这是一种特定的能量波动。当我们发现自己面对一个发怒的人时，即使没有看到他或听到他的声音，我们的身体仍然会感到被其能量裹挟。甚至情感也是流经我们每个人的能量，驱动和改变人们的可视行为。

你是否经历过一群人在一起时，大家对某个东西都避而不谈——英文里称之为"房间里的大象"（the elephant in the room），这时人们所体验到的不是那个被避谈的东西本身，而是能量被压制了的感受。大家避免谈论这个问题，能量的流动停滞，像水被大坝挡住，能量流动受阻就会使工作慢下来。直到"房间里的大象"被发现和被讨论的那一刻开始，能量才会重新被释放出来。无论大家避谈的那个问题本身是否得到解决，只要能量重新流动，大家就会重新再动起来。大多数经历过这类事情的人都表示，当原本被避谈的事可以拿出来说的时候，他们会明显感觉到放松了下来，同时，几乎所有人都表示放松之后他们的能量级又上了一个台阶。

无论是从物理学还是化学的角度看，我们都知道高山上的石头和汽油桶里的燃料都具有不可见的势能。把石头从高山上推下来或者把燃料注入发动机，都可以将势能立即转化为可见的动能。同样，将势能转化为动能的例子还有在跑步比赛起点处预备起跑的运动员，他们的势能在发令枪响的那一刻转化为巨大的动能。组织也是势能和动能的结合体，组织的每个个体和团队都拥有深厚的势能，等待被激发并且体现在各类组织行为中，最终产生令人期待的结果。

3.3 生命与能量的关系

能量或者说生命本身，总是以某种形式存在。实际上，所有的生命都是一种形式的能量向另一种形式的能量转化的过程。既然能量不生不灭，那么我们要问，成形以前的能量在哪里？它肯定栖身在某个地方，以非物理的状态存在，直至后来成形。

爱因斯坦著名的质能方程"能量＝质量 × 光速²"（$E=MC^2$）指出，能量波和粒子类物质是一回事。振动的能量波进入电子，电子运动，和质子一起形成原子，原子形成分子，分子形成细胞，如此下去，生命就产生了。所有的生命也是由不同的能量形态交互合并，形成新形态而构成，就像儿童（有时成人也可以）看到云卷云舒，在空中变幻成兔子、乌龟、龙等不同形状。

低密度、无固定形态的水蒸气聚集成更高密度的状态后成了云，然后我们才得以看出云的不同形状；同样，所有的能量也是由低密度、无形、潜藏的能量模式汇集成现实里更高密度的能量模式。所有的能量持续移动并在不同形式之间变化，接着又消散回到未显露的能量状态。无论能量是否已经密集到可以被观察到，能量一直存在并一直影响着我们。

3.4 人也是一种能量形式

如果物质源于能量，那么人类也一定是能量的一种。可以把人理解成能量的某种形态，是能量合成了 DNA、细胞、组织、纤维、肌肉，然后构成了人体独特的样子。能量除了形成我们的肉体之外，还以其他形式在我们体内存在，例如，思想、欲望、情感和体验，虽然我们可能很少想到这些方面也是某种低密度的能量的体现，但它们确实如此。

我们说某人会具有某些个性或行为，其实这些也是能量的表达。思想和情感也是某种能量形态，虽不明显，但也一样真实存在。虽然在现实世界里我们难以用眼看到，但思想情感确实存在，而且很大程度上影响了现实世界的构造。

你可以试着体会一下爱着某个人的感觉。试着让这种感觉变浓并扩散到全身。一段时间后观察你的身体。你会怎么描述当时的感觉呢？大部分人会回答"平静""平和""温暖"和"安心"。

现在试着回忆一次某人或某事让你发怒的情形，尽量回忆得完整细致一些，让愤怒的感觉升腾，然后感受你身体的反应。这种情况下，大多数人反映："身体像鼓一样绷紧""怒发冲冠""涨红了脸、热热的"。

在这两个实验里，人的身体都以某种能量频率在波动。爱是一种能量波动，它使身体的各个组织、肌肉和细胞共同作用形成了放松、平静、平和的感觉。与之相反的是愤怒，它是另一种特定的能量波动，让身体的各个部分以另一种频率运动。这些情感及其造成的人的不同状态，其实就是能量不同形式的体现。

在管理培训中我曾经使用过类似的实验。大多数经理人和高管们面临的最大问题，就是他们有一长串做不完的事情，他们要按时提交报告、做绩效评估、会见客户、参加会议、做计划等，待办事项一项接一项。在练习中我要求他们把接下来五到十天的任务列成一份清单，以"我不得不在_____（时间）之前完成_____（任务）"这样的句子结构来书写；然后我让他们找个伙伴，把任务清单读给彼此听；最后我让他们描述自己身体方面的感受，很多人都说"劳累""沉重""负担"和"不堪重负"。接下来，我让他们把"我不得不做_____"的句子结构改成"我想要做_____"或者"我会做_____"，再把清单读给伙伴听，并且感受身体的变化，大多数人都回答有"兴奋""能量满满""精神一振"的感觉。

两个清单上的任务内容一样，不同的只是"不得不做"和"我想要做"。语言的表达与人的信念有关，"不得不做"是一种责任义务，而"我想要做"是一种自主选择，"义务"的能量频率和"选择"的能量频率不同，我们就形成了不同的体验，这是因为我们体内有了不同的能量形态。

3.5 选择使能量流动

我有一次造访惠普在圣克拉拉（Santa Clara）的办公室，地区总经理和品牌经理跟我分享了他们面临的挑战，这与一个特别的员工有关。克里斯（Chris）是租赁合同管理部的员工。他极其聪明，思维敏锐，自己开发了一个特别棒的程序，大大精简并优化了管理流程。然而，克里斯却不去做需要他负责的租约管理工作。每次主管们跟克里斯谈话，他都答应会做好本职工作，但却仅仅坚持一段时间，此后又依然如故。在尝试了各种试图让他回到正轨的方法无果后，主管们想请我跟克里斯谈一谈。

我问克里斯知不知道我们为什么会面。他很清楚自己身上的问题。他跟我解释说，他真的觉得目前他所做的开发优化流程软件这件事情，不仅对他的部门有利，而且对整个公司都有帮助。我认可了他做这件事的价值，以及他对编程的热爱，但同时也告诉他，公司雇用他不是让他来做现在这些事情的。虽说软件开发也能在未来带来回报，但如果他现在把精力放在软件开发上，他目前所负责的租约管理的日常工作就会被推给团队里的其他人员了。

"可是长期来看，这可以降低所有人的工作量呀！"他说。

"是的，你说得对。"我说，"但就像所有的事情，在考虑长期好处时也要平衡短期利益，而你想做的这件事只考虑了长期利益。"

"你看不到我这样做会带来多大的不同吗？"

"我当然看到了，"我说，"但我没办法让你这样做事。如果我们允许你继续这样，那么我们就需要招聘别人来做你现在负责的工作，再把你转到 IT 部门去，重新调整事情的轻重缓急后，再为你所做的工作提供相应的报酬。所以从大局来说，我没办法支持你这么做。"

我能看出来，他起初的反应是觉得路被堵死了、身陷僵局，好像被我逼到了墙角。接下来我又认可了他对编程的热爱："克里斯，我知道你喜欢编程，也明白你在用你的智慧去帮助我们的组织变得更加高效，这确实是你的天赋。但不幸的是，目前我没办法支持你这么做。我能够提供的只是我们雇用你来做的工作，而且我知道你具备将这份工作做好的所有能力。你自己有什么想法？"

他想了一会儿，然后跟我分享了一个情况：他朋友给了他一个机会，去朋友的新公司开发内部流程软件。当他描述这个他真正感到兴奋的岗位时，他的眼睛亮了，而且他看起来和他真正喜欢的事情连接起来了。非常明显，这个时候巨大的能量在流动着。

"克里斯，我觉得你对于这个机会非常感兴趣，你整个人都展现出一种非常兴奋和有激情的状态。你为什么不去做这份工作呢？"

克里斯再一次沉默，然后他说："你是对的，那份工作确实让我感到兴奋。"后来，克里斯决定在当天辞职，去干自己真正喜欢的工作。

我下边的经理们使尽了各种各样的方法，让克里斯去做他应该做的租约管理工作，而且尝试了各种各样的方法来激发他的动力，但他们从未想过让克里斯自己做出选择。而我只是通过一个简单的动作，就把所有的可能性展示出来了，并且授权员工自主选择。这种方式比任何一种激励员工按自己预期行事的努力都要有效。选择使能量流动起来，因为能量流动了，所以能够直接指向那些预期的结果。就像我前面讲的"不得不做"和"我想要做"的练习一样，感觉是不得不做的事情，就可能让能量"冻结"。同时，寄希望于不可能发生的事，同样也会让能量"冻结"，期望的结果就会打折甚至完全不出现。

所有东西都是能量，就像这些案例所展示的，我们在不断地以能量回应能量，生命无非就是各种能量在你来我往中的神秘之舞。

3.6　人与人之间的能量互动

不仅我们内在的能量，周围的能量也给予我们"体验"。能量会流动到相互作用的模式或者能量场中，彼此之间不断交互。彼此相关的实体之间都有一个特征，就是各方都影响着别人，也同时被别人影响着。

当你和另一个人互动的时候，你影响了他们，他们也影响着你，无论积极的或消极的。就像呼吸一样，在我们呼出二氧化碳，吸进氧气的这个过程中，一呼一吸间都与周围的环境，尤其是树和植物产生着互动，它们吸收了我们呼出的二氧化碳，呼出了我们所需要吸收的氧气。

而我们的周围存在着各种各样的能量形态，每种能量形态依其强弱不同，会对我们的感受造成不一样的直观体验，特别是当我们对能量的影响一无所知的时候。

我有一个在南加利福尼亚州的客户，这是一家营收达 2 500 万美元的软件公司。他们当时正苦恼于如何更好地让高管团队达成一致。当时，他们团队中的许多人都有冲突，而市场副总和销售副总之间的冲突尤为激烈。他们两人之间的矛盾影响了公司实现战略增长的能力。在我和他们的一次教练谈话中，市场副总跟我分享了他最近一次和销售副总之间不愉快的经历。他们两人都在 CEO 那里接受了一项任务，并且约定在特定的时间之前各自完成任务。市场副总在注意到了一些销售副总可能会错过截止日期的迹象后，就发了一封抄送 CEO 的邮件，说销售副总可能会落后于时间节点，并且预测这项任务可能完不成了。

这位市场副总刚刚到公司几个月，这种行为与他以往在团队里和人打交道的方式是不同的。我就问他为什么要用这种方式来沟通，他的回答是："我们都接受了这项任务，但是他没有做到承诺的事情。"

"但你为什么要写邮件并抄送 CEO 呢？"

"这是我们三个人做的共同承诺啊！"

"你们是一个团队的吗？"我问道。

"是啊，我们当然是一个团队的。"他回答道。

"我不知道你会怎么看，"我说，"但如果是我，看到伙伴有了困难，我不会当着大老板的面用类似发电子邮件这种很正式的方式举报他。相反，我会看一看我能不能帮上忙。我一般会打电话问他是否需要帮助，或者问他是不是能够按时完成？"

市场副总停下来想了一会儿，反思了一下他的行为，然后说："我不知道我当时为什么这样做，我现在知道该怎么做了。"

为什么他会表现得和一般状况下的他不同？答案仍然是能量。在这个案例当中，团队所处的能量场就是这个组织的文化。在这个公司的文化里，高管们平时就喜欢在 CEO 面前互相竞争，以获得更多青睐。他们抓住每一个机会把他们的队友扔出去"背锅"，使自己在 CEO 的眼中看起来熠熠发光。这也正是他们请我们作为教练来帮助他们改变文化，改变他们高管团队的能量互动的原因。这个新来的高管用了几个月的时间就学会了这个团队的能量流动方式，而且像其他人那样来展现自己的行为，即便他在以前的那些职业经历当中从未如此做过。

这只是能量威力的一个案例，能量威力影响着每一个组织获得结果的能力，能量的威力常常不会停留在任何领导力所能察觉的表面。我的这本书旨在帮助你理解这些能量的源泉，以及如何利用它们一起为你服务。

3.7　能量的本质是创造

所有的生命都是能量，但不是所有的能量都是有机的。桌子是能量的一种，但桌子并不是有机的。水是能量的一种，且形态多样，但水也不是有机的，尽管水是孕育生命的源泉。岩浆也是一种能量，但也不是有机的，即使它可以依环境不同改变形态，呈现出融化状态或固体状态，但岩浆仍然还是岩浆。

构成生物体的能量形态不仅自身会改变，还能改变其他能量场中的能量，这就是创造的本质。而正是创造，将有机的能量区别于其他形式的能量。植物是活的，人是活的，组织也是活的。

有机的能量形态与它们所处的环境互相影响，共生共存。植物吸收二氧化碳制造氧气，供给其他动物呼吸；吸收土壤中的养分并转化为糖分和其他的能量，供给其他动物并滋养其肌肉和血液。和植物一样，人类也吸收不同形式的能量，并以不断创造的方式将它们转化成其他形式。

所有有机生物体的创造过程，都是能量从一种形式转化成另一种形式。有机生物体与其所在的环境在彼此共创的过程中相互影响，它们影响了环境，也被环境影响着。然而对人类来说，我们还有另外一种能量场，那就是在创造的过程中，人有"意愿"和"目的"，人可以对所要创造的东西有所选择。

能量流经人的大脑，每天产生多达 5 万条想法，其中大部分我们基本都不大留意，但有一些会引起我们的注意，反复出现，这些想法会逐渐组合成形，形成我们称为"信念"的东西。当人为信念注入了情感的能量并且持续不断，这时信念就成了人的"范式"，"范式"是用来定义我们周遭的世界是如何在运作的。当然我们的信念体系和世界观也会筛选那些我们认为可能的想法，这个过程决定了我们对周围环境会做出什么样的反应，也决定了我们的倾向和愿望。

在相互作用的关系中，我们也是一种能量形态，不断流动，并且和其他的能量形态通过互动去创造、去进化，这就是我们在物质世界中能够有所"体验"的原因。

3.8 组织的天性是进化

进化过程就是生命在已有基础上不断叠加延展，在这个过程中一种生命形式和其他形式相结合组成更加复杂的生命形式。正是以这样的方式，生命才能在过去数百万年的时间里不断迭代。也正是在这样的过程中，一种新的生命形式——"组织"，也开始不断地进化。

至于进化是人为的设计，还是自然界偶然的行为所引起的，就交由哲学家、科学家，以及其他人来讨论吧！我想说的是，我们观察到的生命，总是由最简单的方式向更加复杂的方式进行演变。电子和质子组成了原子，原子又是所有物质的基础。原子形成分子，分子形成复杂化合物，这样一步步演化下去。

在布鲁斯·利普顿（Bruce Lipton）的《生物信仰》一书中，他阐述了这样一个观点，并用这个观点描述了微生物世界：

细胞很聪明，这不足为奇。单细胞生物是地球上最简单的生命形式。开始时，世界只有自由存在的单细胞生物，例如，细菌、病毒以及阿米巴形式的原生物，形成了当时的世界。

大约七亿五千万年前，这些聪明的单细胞生物找到了如何成长为更聪明的生物的方法，也就是第一代的多细胞生物的出现，比如植物、鱼和后来的动物。多细胞生物的生命形式在开始的时候，不过是单细胞生物松散地组织在一起，或者叫作"社群"，起初这个"社群"是由成百上千的细胞组成的，但是因为共同生活在一起形成了进化方面的优势，就使得这个组织变成了由百万千万甚至亿万细胞共同组成的"细胞社群"。虽说在外看来，这种"社群"表现出来的是一个一个的实体，像是一只老鼠、一条狗或者一个人，可他们实际上是由成兆亿的细胞紧密结合形成的。

进化推动着细胞所形成的社群越来越大，反映了生物界物竞天择的竞争结果。一种生物，对于它所在的环境越有觉知，它就越有机会生存下来，细胞之所以结合起来，就是因为它们的生存机会可以因此大大提高。

为了在这样紧密的环境中生存下来，细胞们建立了生存结构，整个"社区"就按照更精细和更有效的分工来进行组织。而这样的组织比大企业里不断变化的组织结构图更精确、更有效。

以生命体形态存在的能量场，向更复杂、更高级的能量场演进，这就是进化的本质。所有生命体都是能量场组成的，而组成它的能量场又是由其他能量场构成的，有机体是由其他有机体构成的，当某些生命为了共同目标体结合起来时，反过来会生成一种更高级的、更高效的方式和更复杂的目标，以及更严密的能量形态。

如果我们可以接受这样一种观点，就是作为地球上最高级、最复杂的物种的人类，是由无数个生命体组织起来的，那么是不是我们也可以认为：大公司其实也是一种高度进化的、一种生命的存在形式呢？事实上，我们很容易就能看出人的身体和企业的形态之间的对应关系，就像图 3-1 所展现的那样。

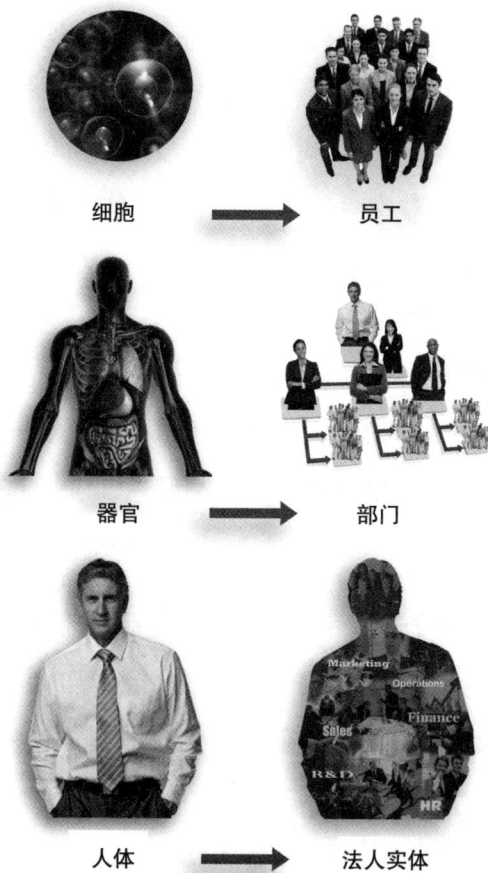

图 3-1　人体与企业形态的对应关系

我们可以把每个人都看成组织里的一个基础细胞，那么他们形成了组织的各个模块，就像我们身体里的细胞形成我们身体的各个部分一样。有类似思想的人联结在一起，为了一个共同的目标，形成了一种有机组织的形式，我们称之为团队。这些团队形成了组织的最基本单位。在商业范畴，我们将其称作"功能结构"。各个职能部门如销售部、市场部、工程部就类似于我们身体里的各个功能部位一样，如心脏、肝和肺。

虽然人类的身体是一个由能量场的流动所形成的复杂体系，时时相互联系，但人类并不只有身体，我们会思考、有感觉、有体验、有突发的灵感、会自我觉察。我们能感知内在的自己，能感知指引着我们继续生活的内在的声音，有些内在的声音还是彼此对立的。我们同时也能感知我们外在的自己，以及我们与别人的互动。所谓"有机组织"也是同理，而且还不限于此。

如果将"有机组织"作为起点，那么我们可以看到市场的构成过程就是，公司、竞争者、消费者为了共同的目标聚到一起，共同形成了市场。在此基础上，市场又构成了整个社会，社会又构成了整个地球，如此等等。

就像俄罗斯套娃每一个都严丝合缝地套在另一个之中，每个"有机组织"之内也包含其他的有机组织，这其实就是自相似性（self-similarity）中的分形（fractal）特征：对某一有机组织适用的能量法则，同样适用于所有有机组织。无论业绩结果是在个体、群体、团队、部门，还是在整个组织层面上创造的，我们在这本书当中所描述的法则、规则和方法都同等地适用于各个层面。

本书只立足于一个实体层面展开，即"有机组织"。我们会发现，当我们用能量法则来看待组织后，我们将得到一个全新的、更有效的模型，这将为所有的组织重新带来生机。

第 4 章

有机组织的能量

有机组织的能量之源是人，而组织与客户之间的流动是企业流程。流程效率提升和人员成长是组织发展的关键。

一个组织的学习能力，也就是它能多快地将学到的东西转化为行动的能力，是这个组织的终极竞争力。

——杰克·韦尔奇

所有企业和组织，都是以一个个的个体形成团队，进而形成更复杂的系统。所有复杂的有机系统，不管是个体，还是组织，都会形成能量场，这些能量场又超越了构成它自身的那些个体和组织的能量场。这种能量场不容易被察觉，主要是思想信念、情感、激情及更深层次的使命，这些东西指引着有机系统的决策选择和行为方式。企业作为一个有机系统，也带有这种不易察觉的能量场，其中就包含"宗旨之魂"（Soulful Purpose）这种能量场（这一点我们会在第 11 章具体讨论）。

　　所有有机体，都有某种特殊的存在意义，都是某种深层使命宗旨的表现形态。各种各样的能量形态不会随机和漫无目的地聚到一起形成有机体。精神目标是一种非常强大的力量，它吸引着那些有效的能量模块，让它们参与其中，并且实现愿景。橡树的种子为了长成橡树而生，肝脏细胞为了构成肝的一部分而存在，心脏细胞也是为了形成心脏而存在，心和肝又是为了组成身体而存在。每个有机体都有它存在的独特原因，都是为某个比它本身更大的目标在做贡献。

　　有机组织也一样，它吸引人们去为它的"宗旨之魂"而奋斗，完成组织的使命。内在的吸引力能让特定的人去特定的企业服务，这一点我们在初创企业里面看得非常清楚，人们加入一个特别的组织，是因为他们对组织的"宗旨之魂"有一致的追求。就像细胞组成了人体一样，人们聚集在一起成为团队，团队形成部门，部门组成企业。所有这些人在一起是为了贡献他们个人和团队的能量，形成集体的力量，获得他们期望的结果，为比他们自身更大的目标做出贡献。

你的公司能够吸引到想要的人吗？你的公司的"宗旨之魂"有被所有人知道和感受到吗？你是否在为比自身更大的存在意义做贡献？你所在的组织是一个"有机组织"吗？

4.1 流程：组织与客户之间的能量流动

能量以特定路径在机体中流动，这是为了让能量由源头向预期结果的转化最为高效，同样，能量在组织中的流动也遵循特定路径，目的也同样是把能量转化成所期望的成果。

每个企业的目标都是为客户提供有价值的产品和服务，并且获得客户的高度认同，就如同图 4-1 所示的那样。简单来说，商业系统的业绩成果，就是它的产品和服务可以为客户所用。

图 4-1　企业的产品和服务存在的意义

为了达到这个目标，企业必须将能量转化到为客户提供的产品和服务当中。这个转化过程的起点即能量源，就是这个组织当中的人。这些人不仅贡献着他们有形的能量，还贡献着他们对组织的思考、建议和决心（无形能量），每一个人都是能量源。

有种观点认为，人是可以相互替换的，但在有机组织中却不同，每个个体都有独特的价值和特别的使命，并且贡献于组织目标的达成。如同没有一片雪花是相似的，没有两个人是一样的。我们会有很多方面看起来很相似，我们也可能拥有相似的技能，但是没有任何两个人是绝对一样的。每个人都带着他独特的角度、看法和呈现方式来工作，而工作就是我们能量转化的一种方式，我们将其称为创造。

如图 4-2 所示，为了实现共同目标，当我们有意识地、主动地将人的能量释放出来时，我们就获得了重要的能量源，我们称这个过程为"生产"。

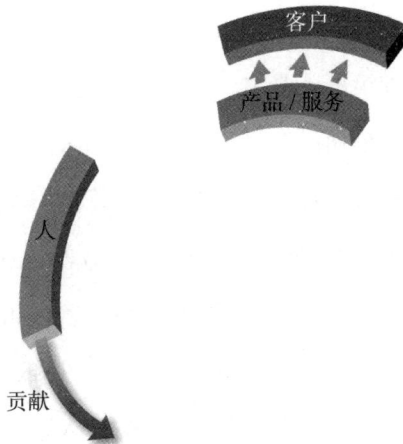

图 4-2 能量源的产生方式

如果企业期望将人的能量转化成想要的结果，就必须对其加以引导和聚焦，让能量朝着同一方向流动。将一群人聚集在一起，激发他们的"活力"会产生很多能量，但这些能量却不一定都指向有效的结果。群体行为虽能激发人的活力，但如果没有聚焦，这样的群体行为只会产生分散的能量，而且这些分散的能量很快就会消失不见。

想象一下光束的例子，一般的灯泡会把能量散发到房间的每一个角落，如果想要照亮整个房间，这当然没问题，但如果你的目标是想用光来打穿一面墙，那么普通灯泡就没什么用了。但是，如果把光聚集起来，将其变为激光束，它就成了一种高度聚集的能量，能够轻松地打穿墙壁。

我们很少看到一群人能够为了某一个共同的目的，自然且充满活力地进行活动。我们常常看到的是，一群人非常兴奋地在做一些无组织的、能量分散的活动。举例来说，有一个从事网络安全业务的跨国公司，请我们去提供咨询服务，帮其提高销售业绩[①]。我们发现他们的销售团队极其热情，对完成目标充满了激情，但是他们缺少有效的组织方式来达成结果。我们感受到了他们的能量，但是这些能量很少是用有效组织的方式来助力结果达成的。分配任务在这种情况下毫无作用，即使销售团队最大限度地听从他们领导的安排。因为该公司没有一个好好设计过的销售流程，所以每个销售员自己安排自己的销售流程。每个人对于他们在销售过程中进展到哪一步都有自己的定义，每个人都用不同的方式来预测在这个销售周期结束的时候他们会获得什么结果。你可以想象，这种无序和混乱的状态，不只存在于销售团队中，而且存在于这个公司的所有其他部门。销售员们持续不断地和其他部门发生冲突。工程部门常常被拖入紧急的销售机会

---

① 作者于 2002 年创办了"量子领导"咨询公司，以本书提出的"有机组织"模型为框架，为组织提供管理咨询。——译者注

中，而制造部门没有办法预测生产需求，进而改善供应状况。

　　只追求高能量是远远不够的。如同前面那个例子所表现的那样，如果缺乏一个组织有序、设计得当的业务流程，那么这些巨大的能量，就会在系统中被浪费掉。为能量起到引导作用的，是组织里定义好的业务流程，它引导组织人们付出，并且把能量集中到可以产生结果的部分，如同图 4-3 所展示的那样。

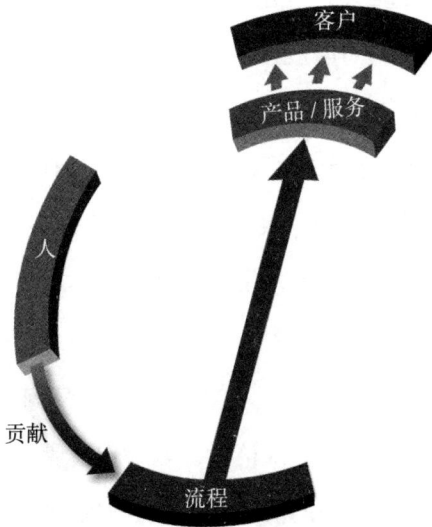

图 4-3　流程设计的作用

　　在一个复杂的体系中有很多个并行的单位，企业不光要引导它们的能量，还要让它们的能量互相融合和整合，从而达到最大效用。在前面的例子中，销售团队的努力就需要工程部门和制造部门的配合。组织是由独立做出贡献的个人，以及由个人所组成的团队一起构成的。这些合作的团队之间互相交换能量，使得它们可以一起完成组织的目标。

　　业务流程可以把不同团队的能量聚集起来，形成聚合力，这样的聚合力可以强到移山穿墙的地步，市场部的能量流要和销售部的能量流融合在一起，设计精巧的流程可以让销售的能量与运营的能量和工程的能量聚合在一起，推动转化的发生，从而创造价值。这就是能量流在系统中流动的方式，而这个系统正是我们所说的"商业"。

听上去比较复杂，但你可以将它简化为：能量是从每个人的努力而来，它被引导或者指引去贡献于某一个共同的目标，如果能量能够聚焦，它们就能够形成激光束那样的威力。组织内部的业务流程能够起到这种引导作用，让能量流形成有机组织，它指引着、约束着、整合着，以及转化着每个人的能量，并且成为客户所需要的产品和服务。

然而，流程是一把双刃剑。协调、整合、聚焦能量当然非常重要，但同时也可能使情况更复杂或者更无效。在有的组织中，对于人和人之间如何合作，"规则"竟大过了"目的"，我们把这种现象称为"官僚化"，我们也都在这样的组织里挣扎过。大家常常用官僚来形容政府部门，但是企业也常常会陷入"官僚化"的泥潭之中——制定规则只是单纯地为了制定规则，让人无法根据当时当地的情况自主地做决策，一味拘泥于流程。

回想一下你需要找客服支持的某次情形，如果你需要解决的问题偏离客服系统既定的标准流程，通常你的问题得不到任何解决。即使一级级申诉到上级主管，常见的答复也是："非常抱歉，我只能做到这样了。"如果他们够诚实，也许会说："非常抱歉，这是我们的政策，我没有权力做更多的事情。"

很多时候，业务流程无法适应新业务的需求，这种情况越来越多。老规定之上又添新规定，用不了多久，大家就全都陷在一系列没有意义的工作流程和工作规定里了。事情之所以要这么做不那么做，只不过因为以前就一直这么做。流程的臃肿，阻碍了很多能量，也造成了很多浪费。在过去30年中，很多企业都想通过变革来系统性地减少能量的损耗，大家熟知的全面质量管理（TQM）、六西格玛（Six Sigma），以及流程再造（Process Reengineering）都是精简业务流程、重新引导能量流动、防止能量损耗的工具。

4.2　人：组织所有能量之源

20 世纪 70 年代以来，通过优化流程来减少"能量损耗"，从而最大化地促进能量流动，是各个组织所采用的主要方式。也有人认为早在现代企业产生时就有人这么做了。然而，却很少有人关注如何在源头上增加能量。能量的源头是人，是人在推动着能量的转化过程。

随着组织的发展，它的人数越来越多。这些能量资源的增加，使得企业有更多的资源转化为客户所需的产品和服务。然而，需要增加能量时，增加人数却是一种最低效的方式。这不仅仅因为人数的增加提高了成本，例如，劳动力成本和管理成本，更因为其提高了复杂度，为企业增添了很多协调工作。

想要增加流经系统的能量，更好的办法是在源头处增加能量，即增加每一个员工贡献的能量。和其他能量源不同，人类有一种独特品质：人所贡献的能量可以无限地再生，人们已经证明他们贡献能量的"能力"不会枯竭，而且能够快速再生。人作为能量源时还有另一种独特的品质，即贡献能量的"能力"是可以扩展的。每个人都可以通过提高自己的能力，来贡献越来越多的能量。

这就是我的新模型最神奇的部分。在有机组织当中，作为能量源泉的人可以提高能力，永不枯竭地发挥潜能。他们就像一个储存了无尽能量的仓库，无论是体力的，还是脑力的；同时又像一个产出创造力的源泉，无论是对生活而言，还是对他们集体贡献的那个组织的生产力而言。

我曾经在一些非营利性组织中工作长达 20 年，目前我还是两家非营利组织的主席。我到现在也常常惊讶于那些志愿者们对非营利组织所贡献的能量。想想吧，这是同一群人：他们在下班时感到筋疲力尽，他们用以谋生的那些单调枯燥的工作使得他们心力交瘁；但他们下了班之后，自愿去非营利组织服务。转瞬之间，他们就完成了这样的转变，他们变得兴奋、充满了能量、生气勃勃。这些能量从何而来呢？他们获得了什么神奇的魔力吗？难道你不希望你的员工在工作中也有如此多的能量，为公司创造价值吗？在这本书中，你会学到如何去创造条件，打开那扇让你的员工接触到这些能量源泉的门。

人类的发展穷尽于何处，无人可知。但我们实实在在地知道，当人们学习和成长的时候，他们就扩展了自己的能力，从而可以体会到如何使用能量来帮助他们成功。学习可以提高技能，让我们更有效地完成工作。学习能力就是提高自己的有效性的能力，这种能力可以以最小的努力获得预期的成果。成长也是一种能力，可以增加人们用于贡献的能量。人类就是这样一个能量源泉，可以无尽地再生，可以无尽地延展，而且能够学会让自己的能量高效地发挥作用。

我们将学习作为一个能量流中至关重要的组成部分放到模型当中。图 4-4 中的模型展示了"贡献"和"学习"之间的关系。要想学到东西，就必须先做成一件以前做不到的事，这既可以是学习以前从来没有做过的事，也可以是以前做过但是可以通过学习做得更好的事。无论哪一种情况，努力实现目标（贡献能量）是学习发生的必要前提。所以，有了学习，就会有更多的可贡献的能量，这就是"贡献–学习"回路。

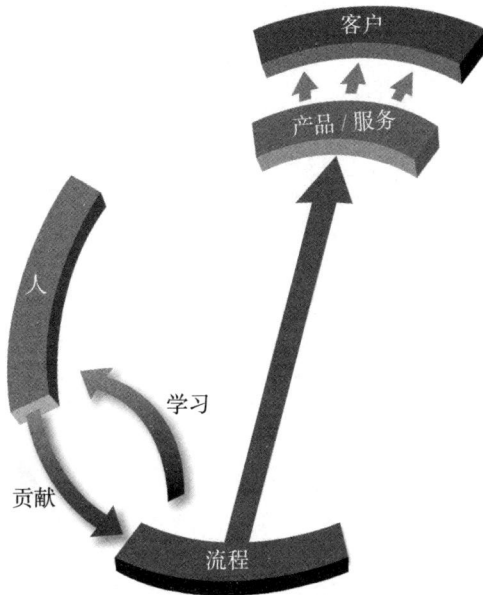

图 4-4　学习在能量流中的位置

　　提高员工的生产力是每个组织的共同目标，而提高员工的能量贡献度就是提高员工的生产力。很多组织会花大力气来提高生产力，围绕如何提高能量的话题或是围绕"贡献 – 学习"的杠杆来做文章。例如，员工使用的工具，无论是最简单的设备，还是复杂的计算机，或者机器人，都在为每一个员工发挥杠杆作用，让人以相同的能量得到更多的产出。

　　但我们往往就止步于此了，这只是一种杠杆作用；学习和成长才是能真正超越已有能量水平的方式，可以真正提高人可以贡献的能量值。成长会帮助人扩展可用的能量储备，学习会使能量的使用更加有效。学习与成长的结合，使员工有更多可用的能量，以及更有效地使用能量，其有多重效果。如果再辅以工具来扩大杠杆效果，那么流经系统中的能量就会倍增，最终带来以更少资源实现更多产出的效果。

第 5 章

利润指标的利与弊

利润指标可以帮助组织衡量业绩。然而，将利润视为唯一追求是愚蠢的。

财富从来都不是目的本身，而仅仅是达成某些崇高目的之手段。

——佛陀

5.1 组织绩效的核心指标

　　每个工程师都知道，任何系统如果想要正常运行，均需要反馈。每个工作系统都包含一个内置的反馈圈以衡量实际产出，即把实际结果和理论需求做比较。通过这个反馈机制，系统本身以及监控它的人就能够做出必要的调整。

　　对于业务来说，这个反馈圈就是财务系统，如图5-1所示，它用于衡量目标的达成情况。财务系统是一套精心设计的指标系统，为管理者提供详尽的业务表现分析数据。通过使用共同的、容易理解的财务指标，我们对于成功有了具体的衡量方法。如果业务出了问题，和市场状况相去甚远，我们的业务系统衡量指标即公司的"收支平衡表"也会出现问题。

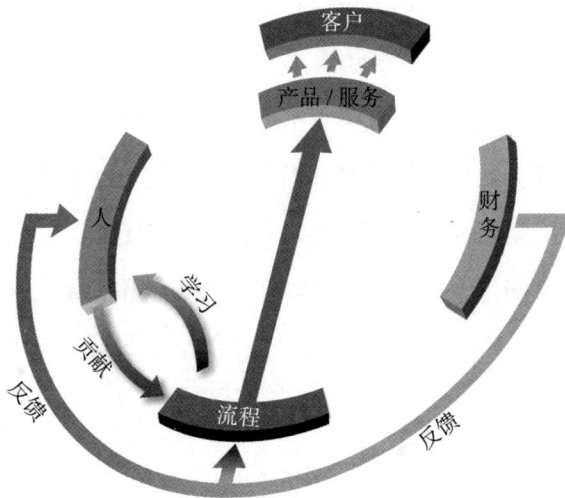

图 5-1　财务系统的反馈流程

企业合理使用财务指标可以获得来自市场的关键反馈，其有助于我们洞悉什么流程需要做出调整。

如果没有财务系统，企业就像失去了方向舵，无法通过必要调整让系统达成理想的结果。

利润是核心指标，是系统绩效的反馈，我们依赖这个测量工具了解系统绩效的关键信息。但等一等，你可能会问我们不是一直都在说如何把能量从源头（即公司里的人）转换成市场提供的产品和服务吗，钱和这种能量的转换有什么关系？

钱只是另一种能量形式。思考一下，经济学家是如何看待和使用钱的。他们讨论钱的供应和流通速度的方式，和物理学家讨论的系统中能量的供应和流动速度的方式非常接近。实际上，有一个热经济学（thermoeconomics）学派，他们使用热力学定律来解读经济。

热经济学的基本假设是：演变中的能量角色需要通过热力学第二定律来定义和理解，诸如生产率、效率，尤其是成本和效益（或者利润）这些经济指标，都是捕捉和利用各种已有能量的机制。热经济学家认为人类的经济体系可以通过热力学系统建模。

热力学第一定律指出能量不生不灭。在业务流中，我们把人的能量转换成产品和服务，然后客户购买它们，支付的是一种我们称为"钱"的能量单元。这种能量交换接着用钱的方式传递给员工和供应商，后者的能量又转换为另一种能量，即我们销售给客户的产品和服务，这个过程循环往复，成了驱动业务的能量之流。

5.2　利润不应是唯一至上的追求

虽然有些人认为利润是"万恶之源"，但我一点都不觉得。利润是基本的衡量指标，也是反馈圈里的一个关键要素，它反映了另外两个关键指标即收入和支出之间的差额状况。仔细地观察利润，特别是它的两个关键要素——收入和支出（如图 5-2 所示），我们会发现，如果好好利用，它能够迅速展示变化并及时提供反馈，帮助我们了解系统在达成服务客户和服务社会这个目标上的表现。

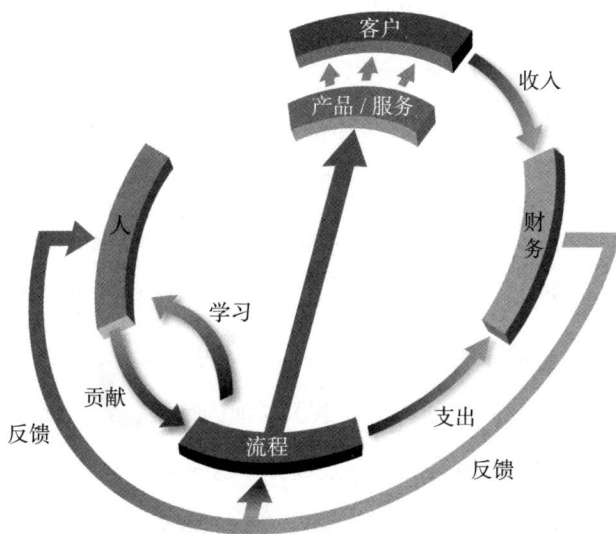

图 5-2　财务对系统的反馈作用

正如我们前面谈到的，销售产品简单来说就是另一种能量转换形式，即用产品换来钱，这类交换的总和我们称为收入，收入衡量市场对企业产品和服务的认知价值。客户的认知价值越高，持有这种认知价值的市场成员越多，员工就会收到越多能量，企业本身也会获得更大成长。

利润等式中的第二个要素是支出。支出评价了能量（主要是人力和材料）被用于转换成产品和服务的过程，它可以精确地衡量能量在转换成市场认可的产品和服务中的效率高低。

利润这个指标可以让有机组织了解到，相对于生产所消耗的支出，市场对于企业产出的产品和服务的认知价值有多高。利润等于购买者对所有产品和服务的认知价值总和减去生产这些产品和服务所消耗的能量总和。

如果没有一个合适的测量工具来提供必要的反馈，系统会运转失灵，波动会失控，最终企业走向崩溃。然而，尽管利润及其他财务系统指标对业务的成功十分重要，它们也只是目标的反馈手段，而不是目标本身。一旦把钱视作目标，企业决策会倾向于追求利润最大化，而不关注其背后驱动力，我们也会忘记开展这个业务的最初目的。

过度看重利润或者直接把它等同为一个组织的"宗旨之魂"，不仅会误入歧途，还会危机重重。此时，利润乃至整个传统商业体制就会被视为所有社会困境的根源。对于利润的盲目追求，是造成商业乃至社会的大部分重大灾难的根本原因（尤其是发生于 2009 年的金融危机）。人们为了获取利润不择手段，企业充分利用金融工程师的技能，调整测量工具，而非改善实际运营绩效，其损害的通常是业务本身和整个社会。

很多人知道我曾担任惠普高管多年，他们询问我对于惠普这几年发生的事情有什么感受，我只能回答我感到非常得伤心。虽然我已经离开惠普 20 多年了，它给我的生活带来的积极影响以及我学到的很多经验教训，为我今天的成功打下了坚实的基础。惠普曾经十分辉煌，员工视之为最佳雇主，我为作为其一分子而引以为豪。"惠普之道"对于曾经乐在其中的我们意义深远。

让我最伤感的一点是，它的问题出自企业的迷失。企业失去了与灵魂的联结，而灵魂正是很多人对其肃然起敬的独一无二的东西。这是如何发生的呢？因为那段时间我已经不在公司，我只能从一个局外人的角度来回答。我观察到，公司从坚守一些意义深远的东西转向一味地追求利润，卡莉·S. 菲奥莉娜（Carly S. Fiorina）加入公司，担任 CEO，其首要目标是让公司利润增长。我记得他们的广告宣传突出旧车库，还使用"Invent"（创造）作为其宣传词，试图重新燃起他们原有的使命和意义，但这一切只是宣传而没有实际行动。真正的信息是"我们将为了增长而增长"，他们就是这么干的。卡莉提出了一个大的并购计划，很多人觉得这是一个灾难性的错误，而且导致了一场董事会内斗。卡莉赢得战争，并购开始实施。不久后公司就意识到她无法胜任，随即撤换了她。

接替她的是马克·赫德（Mark Hurd），每个人都认为他会让惠普重现往日辉煌。最初，他似乎做到了。马克很快提升了公司的利润，如果从外部、只关注传统利润指标的角度看，他似乎很成功。真实情况是，从与公司还保持密切关系的人那里，我了解到马克获得成功的部分原因是削减研发预算，而这正是惠普之所以伟大的根基。一直以来，惠普每年拨出年度预算的 10% 用于研发，这个投资使得它能够践行宗旨之魂，即在它所在的领域保持领先水平。"在我们从事的领域，做出有价值的贡献"是我在惠普时，公司制定所有目标的一个核心原则，而对于研发的投入正是践行这个原则的方式。在马克的领导下，研发费用被削减至不到 2%，企业增加了利润，但代价是什么？

对我来说，目睹这家昔日"巨人"的倒下，犹如目睹许多我们曾经仰慕的伟大领导者的陨落。水门事件的丑闻导致尼克松总统下台；兴奋剂丑闻让体育英雄退出舞台。过去几十年，商业领域发生过很多丑闻，随便举几家企业：安然（Enron）、阿德菲亚传播公司（Adelphia Communications

Corp.）、麦道夫（Madoff）。为了追求利润，我们这个社会值得因此付出这样的代价吗？我认为不值得。

为何会变成这样？当利润是公司反馈圈的首要测量指标，而身为管理者的你看到财务报表上的数字不尽人意时，你有两个选择：要么调整战略，改变方向；要么调整报表的统计口径，让外界看起来还不错。

后者可能听起来很傻，确实非常傻且危险，但这正是过去几十年，很多"金融工程师"帮我们干的事情，他们采取的形式五花八门。安然使用的表外融资就是其中之一，它操纵了利润表上的数字。还有信用违约互换这种"聪明"的发明及其他金融工具等，让查看数据的人云里雾里，无法从指标中获取准确信息。雷曼兄弟、贝尔斯登投资银行、高盛公司等众多金融机构发明了这些金融工具，在报表上注入各种无用资产，并将它们"粉饰"成优质资产。企业在这些资产的内在价值上混淆视听，误导人们对其产生错误的安全感。这些金融工程"粉饰"了财务报表，但是并没有真正用心地去改进测量的系统。

这并不意味着所有金融工程都是不好的，努力帮助企业获得成长和服务客户所需的资金就是它的积极作用之一，毕竟一个组织的财务结构能够帮助自身在其所使用的各式各样的能量中保持平衡。

对于一个组织来说，最致命的打击是将利润置于为客户创造价值之上，这会使商业急剧恶化。"胃口大是好事"（Greed is Good）竟成为回荡的"主旋律"，即使它用各种方式粉饰太平：让股东利益最大化。结果是，我们将金融工程的创造性能量用于调整组织的测量工具，让绩效看起来漂亮一些。

对于任何一家企业来说，确保投资者获得良好的回报永远是其追求的重要目标之一，如果没有合理的回报，企业吸引不了投资者，也就失去了

成长所需的资金。在 20 世纪 80 年代早期，追求股东价值最大化这个目标
使得利润在组织中的地位如同神一样高高在上。人们通常把这个热潮归因
于当时通用电气的 CEO 杰克·韦尔奇，以及他在股东大会上所做的报告。
可你在他的报告中找不到任何段落表示股东价值最大化是企业唯一或是关
键的目标。实际上，在 2009 年 3 月的一次采访中，韦尔奇表示他的想法
被极端化理解了，他说："乍看起来，追求股东价值是世界上最愚蠢的想
法。股东价值是一种结果，而不是一种策略。"

　　也许正是投资界"定义"了韦尔奇想表达的是股东价值最大化，因为
那正合他们的心意；或者说也许它恰逢其时，符合当时的社会氛围。所以
投资者，那时候就是每一个拥有 401K 计划[①]和共同基金的人，希望看到企
业的收益不断增长，不管代价如何。

　　这种关注点转移造成了种种后果，案例不胜枚举。1986 年，伊
万·博斯基（Ivan·Boesky）犯了内幕交易罪；1989 年，迈克尔·米尔肯
（Michael Milken）深陷垃圾债丑闻，而查尔斯·基丁（Charles Keating）则
导致了储蓄和贷款崩溃；2001 年发生了安然事件；2002 年则是沃达丰非
法获取移动频谱和泰科的会计丑闻；2008 年发生了麦道夫的庞氏骗局，次
级债市场崩盘刺破了房产泡沫，导致了经济大萧条。我并非说这类事情对
于商业领域或者社会的其他领域是什么新鲜事，但是令人吃惊的是，从 20
世纪 80 年代开始，这类事件的数量如此之多。也是从那个时候开始，人
们对于股东价值最大化的关注，提升了利润在我们决策中的地位，它成了
我们在业务中追求的终极且首要的目标。

　　过去 30 年，社会的关注点循序渐进地发生改变，很多企业的创始人

---

① 401K 计划源于美国在 20 世纪 80 年代初提出的一种由雇员、雇主共同缴费建立的完全基金式的养
　老保险。

知道企业真正的目的、影响力和地位在于它有多大为社会带来有价值的革命性贡献的潜力。很明显，企业的使命和角色应该不仅仅是赚钱的机器。

把利润最大化视为自身的目的而非系统的反馈指标，这是导致"企业"这个词臭名昭著的根本原因；是领导这些企业的 CEO 不受媒体和政府待见的原因；也是我们这个社会如此煞费苦心地要将倾斜欲覆的"商业巨轮"扶正的原因。

当我还是惠普的高管时，和其他公司一样，惠普每年都会进行年度战略和未来发展计划评审，这个评审聚焦的首要目标是如何更好地服务我们的客户。利润目标是一个关键的指标，帮助我们了解企业是否达成了目标、是否为增长创造了资源。

但是读一读今天的大多数战略计划，我们总是会发现企业的首要目标是"提升销售和利润"。它们当然会这样，这成为整个社会的主导模式，正如洋流推着冰山动，"利润之流"推着我们动。这成了这个社会的诅咒，"业务的利润就是底线"（the bottom line of business is the bottom line），谁又能与之唱反调？况且，这些数字非常具体、非常容易衡量，相较之下，想要阐明组织的意义和使命不容易得多，因此我们就这样任由这些指标牵着鼻子走。

在我成立"量子领导"（Quantum Leaders）咨询公司时，第一件事就是制定公司增长计划。当有人问我："你成立'量子领导'公司的愿景是什么？"我的回答始终如一："看到我的公司在未来 20 年内成长为一家市值 1 亿美元的咨询公司。"后来一个好朋友问了我一个惊人的问题："成为一家市值 1 亿美元的公司意味着什么？"我顿时愣住了，它到底意味着什么？

难道我只是看到上亿美元，一个我怎么样都花不完的数字吗？或者我追求的是社会认可、名声和荣誉？抑或在成长为一家市值 1 亿美元公司的目标背后有其他驱动力？

接着我意识到，金钱目标只不过是用来衡量我们改变世界的程度的指标。我们公司的真正目的不是成为一家市值 1 亿美元的公司，而是改变世界，传达一种新的、革命性的商业模式。

我知道，事业对很多人来说是投入时间最多的事情。如果可以改变商业在社会中的角色及其与客户、员工的关系，我们将会给这个世界带来很大的不同。这是我的生命之旅带给我的启迪，也是我年复一年开发和迭代着这本书里所讲的这个理念模型的原因。

所以现在当有人问我“量子领导”的愿景是什么，我会说：“转换世界各地的商业环境，使之成为支持和提升人类精神尊严的场域，并且共同将这种精神贡献于为社会服务的过程中。”

第 6 章

能量场：有机组织的彩虹

如果将能量场视为波，那么组织中的能量流动则是一道三色波。

在他高谈阔论时，我抬起头看见彩虹像五颜六色的火焰在我身上跳跃。

——印第安部落苏族长老

本书的视角让领导者以新的角度看待组织。组织是一个有机的生命系统，这个系统的"机体"由人组成，能量在机体中流动，将集体的能量和付出转换成产品和服务，提供给市场。这个过程的两个关键成功要素是使流经这个生命系统的能量（即未来能转化成收入的产品和服务）最大化，同时使能量损失（即支出）降低到最小，也就是说让利润最大化。

我们将这种能量的流动视为单一的波，其性质一致。但是更准确的是将它看成光能，光通过三棱镜时，我们会看到它是由不同颜色组成的，每个颜色有自己的波长和频率。和光能一样，组织中能量的流动也是一道五颜六色的彩虹，具体来说，如图6-1所示，你可以看到三种不同的波，或者将其理解成能量场。活动、关系和背景，它们各有不同的特定模式、色调和运行频率。

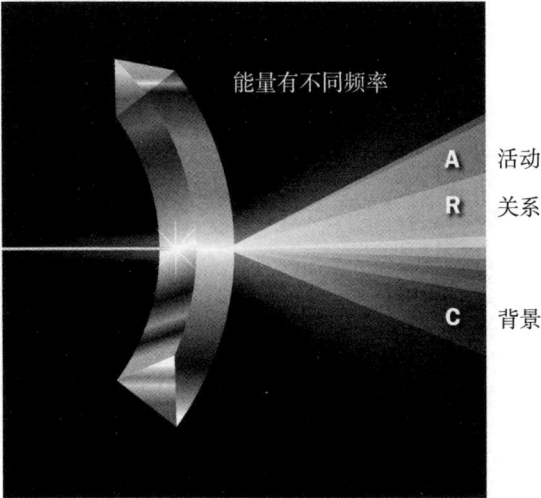

图6-1　能量的不同频率

6.1 活动能量场的能量模式

活动能量场——做事的能量

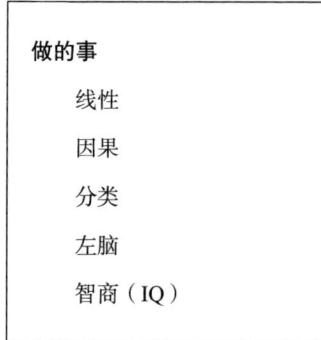

做的事

线性

因果

分类

左脑

智商（IQ）

到目前为止，我们已有的模型①介绍了其中流经"活动能量场"（Activity Field）的能量。活动能量场的能量是行动方面的能量，是关于"我们做什么、如何做的能量"，这种能量源自人做出的活动——将势能转化为动能的实际活动。这个能量场是可见的、可量化的、可衡量的，它遵循因果法则。

活动通常是按照线性、前后相继的方式来描述和实施的，一个活动紧接着另一个活动。这个能量的时间维度接近于即时，采取行动后，人们马上可以看到结果。

行动和结果的发生时间很接近，改进反馈圈也几乎是即时的。比如，当你将一份文件放入复印机，按启动按钮后，你会马上收到结果的反馈——要么你得到理想的复印件，要么你需要做出适当的调整，比如移除卡住的纸。

---

① 此处的模型指第 4 章、第 5 章介绍的模型。——译者注

　　工厂的生产线则是一个较复杂的例子。例如，在一家罐头加工厂，工人用一台包装机器把所有罐头装到传送带上，然后装箱发货。如果一个罐头卡住了，传送带会后退，使罐头掉到地上。一旦看到这种状况，工人可以及时停止生产线，移开卡住的罐头，并确保包装工作继续进行。如果你想增加包装总量，你可以加快生产线的速度或者增加传送带的数量。这种情况下，我们的所做与所得直观可测。

　　另一些活动，例如设计一张需要别人批准的图，反馈的时间则会长一些。但是反馈圈内行动和结果之间的时间间隔仍然允许你及时做出调整，直到期待的结果出现。

　　活动能量场中所包含的信息的性质是线性的、前后相随的，其是一种因果关系。因此，接收、加工和解释这个能量场的信息所需的技能是分析，其是一种左脑技能。我们通常用认知能力、空间智力或者智商测试结果来衡量一个人在这方面的才能。

6.2　关系能量场的能量模式

关系能量场——互动的能量

共事的人

　沟通

　同理

　模式

　右脑

　情商

如果活动能量场是关于我们做事的能量，那么关系能量场（Relationship Field）就是关于我们和谁一起做事的能量，即我们的互动能量。关系能量场所包含的能量，是一种从个人身上散发出来、与他人能量场互动的能量。

这个能量场中能量交换的主要形式是沟通，包含我们说了什么，以及如何说，对我们的大脑来说相当于语言和非语言的交换。从语言方面看，能量的观察和处理通常借由我们的感官，大多是听觉，来进行；而从非语言方面看，能量不容易辨识和观察，但是能量交换仍然非常真实地存在着。我们加工非语言能量使用的是五官之外的工具，但是这类信息在我们决策中所占的比重高于我们从五官接收到的信息。我们在第 2 章中讨论过。

在你听歌的时候，每一首歌都有词的部分和曲的部分。歌词是语言上的沟通，是一种我们听到的能量，它在大脑中的语言中心进行处理。但是曲子却不是这样处理的，大部分人通过一种非触觉的体感来感受，这是一种身体内部的感受，就好像曲子的振动和旋律与身体发生共鸣，导致身体也以同样的频率振动。我们通过身体感知的方式处理非语言沟通信息。

还有另外一个例子，想想某个瞬间，别人和你说了一些东西，虽然你听到了词语，但是你接收到的意思却非常不同。一个常见的情况是，当某个人感觉很糟糕的时候，你问他感觉如何，他怒气冲冲地回复道："我很好，没事。"当你听到这句话时，你不认为它是真的。实际上，相比于语言形式的能量交换，你会更重视非语言互动的能量交换。如果沟通中信息的"歌词"与本身的"曲子"吻合，那么你会感受到这个沟通是真实可信的，而如果它们表现出的能量和我们期待的体验不一致，那么我们一定会更加相信自身感受到的非语言信息，认为它暗含某种弦外之音。

非语言沟通存在于商业的所有角落。存在于你与客户、员工及供应商的一对一沟通中，也存在于各种小组会议中。在沟通的过程中，你所表达的语言信息里蕴含的非语言能量（"曲"），决定了接收方是将这次沟通视为真诚的交流，还是不必理会的夸大其词。简单来说，是"曲子"而非"歌词"决定了信息接收方感知到的信息。

关系能量场并不以时间为基础，其能量流的性质不是线性的、不可被观察，也不是一种因果关系的流动模式。因为它是非线性的，我们必须使用一套不同的技巧来加工和解释这类信息。相对于我们如今商业模式中所崇尚的左脑分析技能，关系能量由右脑处理。它需要我们的大脑辨析行为模式及其潜在的动机，需要接收者具备同理心。非常幸运的是，在过去几十年，情商专家的研究工作帮助我们确定了加工这类能量传递的信息所需的相应的能力。

这个领域最为人熟知的是丹尼尔·戈尔曼（Daniel Goleman）的作品。1995 年，他出版了著作《情商》。戈尔曼发现了四类具体的能力：（1）认识和理解自己情绪的能力；（2）管理自己情绪的能力；（3）认识和理解别人情绪的能力；（4）管理别人情绪的能力。综合这四类能力，能够让我们了解并清楚如何提升一个人管理自己和他人情绪的能力。它们决定了人们处理关系能量场能量的能力。正如越来越多的人认识到的，成功通常更多地取决于情商而非智商，因此情商测试也成了大部分组织测评和辅导工具箱里的一个必选项。

关系能量可使组织中流动于活动能量场的能量如虎添翼，它让单个人的能量贡献之和出现倍增效果。

第 7 章

能量共振

　　默契的合作会加强能量流动，形成共振，从而达到 1+1 ＞ 2 的效果。

走到一起只是开始，坚持在一起是进步，凝聚在一起才算成功。

——亨利·福特

7.1 合力：倍增效应

我们都听说过团队合力，它通常被冠以"一加一大于二"之名。这意味着当两个人的能量同频共振时，我们会感受到关系能量场的动态增强，整体突然变得大于个体之和。从观察和体验中，我们都知道合力是一种强大的力量，它会为集体产生的能量带来巨大的倍增效应，其效果和它们的共振程度直接相关。遗憾的是，我们很难在旧思维模式里制造这种效果。

在旧有模式里，我们试图以团队合作和协作的方式来催生组织里的协同能量。我们通过改变流程来增强团队协作，这是对活动能量场所做的改进，比如导入新的知识管理系统或改变工作流，从而促进跨部门的团队互动。两种做法都是通过改变流程上的能量来激发团队协作，但都忽略了背后的关系能量。在我们当前的思维模式里，我们认为活动能量场驱动着关系能量场，而事实上往往相反。

加州橘子郡（Orange County）的一家网络公司致力于提升潜在客户转化率，他们设计了一个力度很大的市场营销活动，以提升新服务的知名度，并得到了更多关于客户购买方面的"销售线索"[①]。然而销售人员抱

[①] "销售线索"（leads），市场营销学术语，是"客户关系管理（CRM）"系统中关于某人购买某种产品或服务的可能性的数据，是 CRM 系统数据流的起点，在系统中进行流转和转化最终完成交易。——译者注

怨他们获得的"销售线索"质量很差，没有一种机制能够把真正有意义的"销售线索"从"只是看看的人"中识别出来。我们帮助他们设计了新的"销售线索"筛选流程，包括如何识别有意义的"销售线索"的一套标准，还帮助他们把"销售线索"的沟通、跟进整合到"客户关系管理"（CRM）系统中。当我们追踪这套新流程的运行效果时，发现三个月之后，潜在客户转化率没有改善，不升反降。销售团队继续抱怨"销售线索"价值不高，而市场部则反驳即使他们提供了即将下单的"销售线索"，销售人员也无法达成交易。

显而易见，这已经不是流程问题，而是关系问题了。销售副总裁认为市场部没有能力拿到好的"销售线索"，一点都看不起市场副总裁；而市场副总裁认为销售副总裁这个管理者很糟糕，连过家家都玩不好，更别说领导一个全球销售团队了。两个副总裁对彼此的看法上行下效，扩散到了各自的部门中。鉴于这个"关系能量场"一塌糊涂，任何调整"活动能量场"的做法都无济于事。

当两个副总裁以及双方带领的部门之间的关系障碍扫清之后，我们为其建立的流程让潜在客户转化率提升了 57%，销量增加了 32%。

在大多数企业中，关系问题从来都没有处理好，因为大家总是通过努力调整各种流程或者衡量指标的方式来试图解决它。当活动能量场的工具和流程改变不奏效时，很多领导只能又回到"胡萝卜加大棒"政策的老路，要弄各式各样的奖金计划，希望以此解决关系问题。

这种方法的问题在于它建立在一种错误的理念之上，认为外在的奖励可以驱动行为。这个理念只部分正确，因为奖励是基于衡量指标的，而指标是属于活动能量场的，所以奖励只对活动能量场的问题有效。俗话说你无法给道德立法，同理，奖励也无法激励关系问题。当关系需求没有得到满足，而你却采用奖励来改变行为时，对方体验到的是一种强迫的感觉，结果是无论你消耗多少活动能量场的能量（以及钱），这个奖励都无法带来你想要的结果。

激励手段不起作用的原因何在？这就好像用命令的手段让大家同心同德一样，你更应该做的是寻找一种和对方同频共振的方式，和他们感同身受。如果没有调试好关系能量场，你就不只是错失协同的倍增效应了，还会造成能量的持续消耗，私下冲突不断，加剧了能量流动的紊乱。

常用的另一种解决关系动荡的方式，就是告诉那些身处关系旋涡的人尽快克服，并且把事情搞定。这种方式有时能起作用，但大部分时候都是失效的。你也许能在粉饰太平中得到短暂的喘息机会，但冲突只是潜伏了起来，后面还会再次浮现，而且通常强度更大，使团队中充斥着没完没了的相互指责。不管哪种情况，流经系统的能量都会受到限制，执行严重受阻。

你和你的组织会不会觉得上述说法有点太过感性？你们是否只认为财务数字是头等的大事，其他的事情都随它们去？这种让自己及周围的生命体敞开胸怀、让同理的能量在你们之间流动的做法，是浪费时间浪费金钱？如果这样，回想一下自己在高绩效团队中工作时的情景。

你是否还记得当每个人都同心协力，成员之间没有冲突、聚焦于目标时候的感受？想想你当时是多么得热情高涨，团队不费一点力就能达成理想结果，好像梦幻一般，而且你们的集体产出远远超越每个人原本能够做到的产出之和。

如果整个组织都能这样运行，那会怎样？你可能会说，那是不可能的事。而我认为是可能的，虽然很难且颇具挑战。但是如果有一个小组能够做到，那么每个小组就都可以。我们需要的是一种正确的模式，一种可以不断复制的模式。这是不是意味着你要变成一个很"感性"的领导？也许是时候抛弃一切陈规旧俗了，用你从未想过的方式去体验周围的世界，敞开自己，拥抱这种新的可能，你能够为组织创造的业绩将超越你的想象。

7.2 理解能量共振

没有任何一个早期的管理模型能够解释合力这个现象，而我们这个新模型由于对潜在能量有深入的了解，所以解决了这个问题。

通过把沟通，包括语言和非语言的，理解为能量波，再根据我们从物理学中学到的知识（当两种波同频共振时，它们的能量会得到放大；而当它们没有同频时，能量则会衰减消失）事情就会变得简单。当两个人交流时，他们的互动会放大或削弱彼此的能量。

人们的能量同频，指的是彼此步调合拍，当两个或者更多的人步调一致时，就会出现神奇的合力效应；反过来，当人们无法同频共振时，他们的能量会被削弱。导致人们不同频的原因之一是沟通中的误解。

误解的形式很多，原因也很多，最简单的就是沟通不畅。我说的是一件事，而你认为我指的是其他事；或者当我用了某个对我而言有特别意义的词时，你虽然耳朵听到了，但并不明白我的本意。有趣的是，我用自己那习以为常的布鲁克林口音说"water"时，很多人会听成"worda"，这个口音为我们家带来了不少幽默时光，因为我的太太来自明尼苏达，她有时候不得不绞尽脑汁地琢磨我在讲什么，以及我们讲的是否是同一种语言。

误解也可能是更深层次、更复杂的形式。例如，你能够清晰、准确地听到对方所说的，但是你理解的意思并非对方的本意。

　　一家加利福尼亚网络营销公司的 CEO 向我求助，他已经无法忍受公司高管团队成员之间的争吵了。虽然有些冲突是正常的，但是 CEO 认为冲突已经到了严重影响公司业绩的程度。从第一轮交流中，我能够很清楚地看出来这只不过是一些简单的冲突，团队步调不一，高管团队在各种事情上看法都不一致。主要的冲突源于工程部和销售部之间的不和，大部分矛盾围绕着产品开发路线图的优先顺序。一开始，我认为通过设计一个产品优先级流程就可以解决这个问题，但是，很快我就意识到问题的复杂性远远超过预计程度。工程部经理认为，公司的核心目标是开发一个能够为中小企业提供各种各样服务的强大技术平台；而销售部经理及组织的其他大多数人却认为组织的核心目标应该是为中小企业提供市场营销服务。看似不大的差异，却涉及公司的核心目标，也决定了公司如何分配资源来达成核心目标。

　　为什么会出现这么大的差异呢？ CEO 解释说虽然公司的使命是为中小企业提供市场营销服务，但公司的核心竞争力是其独特的技术平台，它能够帮助客户用低于竞争者的成本来扩大服务规模。

　　问题就归结于这个误解？差不多，你可以很容易看出来各方如何借用 CEO 的说法来支持自己的立场。这个 CEO 和其他 CEO 一样，认为只要通过创建共同的目标（活动能量场），团队就会自然地凝聚在一起，而实际上行不通，如果没有解除他们之间的误解，关系能量场就会陷入混乱。就是这个分歧，这样一个误解，妨碍了组织推行任何业务，导致组织分成不同的阵营，几乎垮掉。

　　在有机组织模型里，误解是一种关系能量场的能量损耗，这种能量的损耗很容易造成多层面影响。第一层面影响是把能量消耗在澄清和更正误解中；第二层面影响来自对另一方的感受，通常包括受伤、愤怒、不信任或者其他负面或防御性情绪。员工原本集中于创造业绩成果的能量，现在转而用来保护自己免受伤害，用来对现状表达愤怒和不满，他们被消耗得精疲力竭。想一想在会议中为了一些鸡毛蒜皮的事情争吵无果，你离开时有多丧气？显而易见，应该流向业绩成果的能量却陷入了关系的旋涡里。

关系能量旋涡除了会导致关系能量场损失能量，还会使活动能量场的能量流失。当我们把能量从获得结果转向纠正信任机制的行动时，我们损失了一部分活动能量；由于误解造成的返工，也会导致活动能量的损失。误解会产生工程师口中的"级联效应"（cascading event），导致我们无法节约能量并把它引向理想结果。

当某个局部的能量损失演变成系统的能量损失时，问题会进一步恶化。当我们的误解和一个企业高管有关时，我们对该领导的感受就会辐射到整个组织，其表现形式就是对于组织的不信任，而这种不信任会对员工和组织中每个人的交往产生负面影响。

组织层面的误解会对流经系统的总能量产生加倍的灾难性影响，因为你需要更多能量来纠正这种状况。

用人类身体举例，我们可以更容易地理解沟通不畅对于组织的影响，想想当你把相互作用的器官之间的能量流动堵住之后，会对身体产生什么伤害——身体的局部功能会失灵。任何能量的堵塞都会让重要的身体系统宕机，迫使身体对血液或能量流动做出必要的调整。在这个让身体恢复秩序的过程中，我们损耗了身体储存的宝贵能量。同样地，一开始只是一个简单的误解，最终会演变成对于生命组织的巨大伤害。

好消息是我们可以扭转这种状况，让误解变成默契。当能量、关系和活动毫不费力地在组织的所有部分流动，彼此连接、相互支持，你就会体验到这种默契。我们每个人都内置这种必要的机制，而且我们所有人几乎都时不时地用过它，虽然我们自己不一定意识到。

大部分人都感受过和某个人心有灵犀的瞬间——几乎可以猜出对方要做什么。我们可以看到配偶之间一方把另一方没有说完的话接下去；默契的队员及时跑位接球，无须任何语言交流。著名的曲棍球运动员韦恩·哥林斯卡（Wayne Gretsky）最为人称道的能力是他能够预判球将到达的位置，自己比球先一步到。他说："不要往球现在的位置跑，要往球的下一个位点跑。"在商业中，我们也会观察到同样的现象，即一个团队成员能够准确地预测到另一个人的需求，当你问他为什么如此料事如神时，他可能会回答道："我就是知道。"

1996 年，我加入了一家科技企业孵化器，做了总裁，同时担任了其投资的一家公司的总经理。加入公司的同一时间，戴维（Dave）成了另一家投资公司的负责人。入职六个月后，我随同孵化器的创始人兼 CEO 弗雷德（Fred）去参观我们在温哥华一家大学的研发中心。在吃晚餐时，弗雷德谈到了我和戴维的不同。

他说："我不是很理解。"

我问："什么方面？"

"当我录用你和戴维时，我确信你们两者之中，戴维会最终胜出。在面试的时候，你让我觉得你是一个很有主见的人，不好管理。而戴维正好相反，他了解自己是将军而我是统帅，他的角色是了解我的目标，然后贯彻执行。然而经过了六个月，似乎反过来了。戴维留给我的尽是噩梦，我告诉他需要做什么，而他似乎全反过来做，好像他一点都不理解我对他的期待。而你正相反，似乎能够准确地知道我要什么，你对我要走的每一步都了如指掌。你知道什么时候应该知会我，什么时候应该自己搞定，而且似乎无章可循，你可能会就一个 200 美元的问题来找我，也可能独自处理一个 200 000 美元的工作，而神奇的是，你总是对的。你好像是我肚子里的蛔虫，了解我的每个想法，你是怎么做到的？"

我是怎么做到的？简单地说，开始三个月我一直在仔细观察。我会让弗雷德给我解释他做某件事背后的原因，以便了解他的思维模式，这样我就逐渐了解了对于他而言什么是重要的、什么是不重要的，这是达成默契的开始。然后我需要走得更深，包括让自己的关系能量场与他的关系能量场产生共鸣，这样我就可以识别他思维的能量模式。

这些事例告诉我们，有些沟通形式是在更加丰富高效的渠道中发生的，不是那种简单的口头沟通所能比拟的。在这之前，人们会认为有一种神秘的力量在起作用。如果意识到它是一种能量的转移，确切地说是关系能量的转移，我们就可以创造并且利用它。

在上面这个案例中，鉴于我们俩之间的默契程度，我们可以更快更高效地运作，我们之间的能量流动可以彼此强化。我们之间的能量交换不只让我们更高效，它还增强了流经整个系统的能量。想象一下，如果你也能够制造同样的影响，你的有机组织中会发生什么？它会如何提高你们组织的效率和价值？

第 8 章

组织利润的源头

　　体验是组织与客户之间的能量流动，是客户对企业产品的认知价值的驱动力，即利润的源头。

耗时 20 年营建的信誉，只用 5 分钟就能毁掉。知道了这一点，你的做事方式将会大大不同。

——沃伦·巴菲特

8.1 体验：认知价值的驱动力

正如我们之前所提到的，一家公司的收入与市场对其所提供的产品和服务的认知价值相关，而该认知的一部分是这些产品和服务、人和组织整体带给他的体验。它是体验的能量，是关系能量的另一个关键要素，对认知价值的影响最大。

这不只是客户和你们公司的互动，虽然这些互动对于体验本身的确有很大的影响。我所说的体验是客户实际感受到的能量。这种能量表现为情绪和精神的反应，是他们脑海里烙上的对于你们公司的"品牌体验"，是客户对你们的产品或服务记忆最深刻的部分，也是客户对公司要么趋之若鹜、要么避之不及的情感缘由。

体验是一种在公司的员工、流程和产品的各种互动之下的能量，为客户提供了一股无形但非常真实的能量，它要么赶走客户，要么吸引他们。你可以在购买和享受一杯咖啡这个简单的例子中窥一斑而知全豹。

当你想购买一杯咖啡时，你有很多选择，可以简单分为两类。第一类是除了咖啡还出售其他商品的商店，比如多纳圈商店和百吉圈商店，或者 7-ELEVEn 便利店等，甚至是你家附近的麦当劳；第二类是专门的咖啡店，比如星巴克、彼特咖啡（Peet's Coffee）及其他很多专注于咖啡体验的商店。

在这两类商店中，你都能买到同样的基本型产品，不管是摩卡还是拿铁。我和太太经常光顾本地雪佛龙加油站小超市，购买一杯24盎司①的无咖啡因咖啡。星巴克的一杯无咖啡因摩卡售价4.75美元，而我们附近这家咖啡店只售价1.39美元。我们为什么要多花3.36美元去星巴克而不是到本地便利店购买呢？两个地方的产品——咖啡本身差别不大。实际上，咖啡作为一种产品，其商品价值就是1.39美元，那为什么星巴克能够对这种基本一样的产品收费更高呢？答案就是"星巴克体验"，星巴克营造的某种事物，吸引顾客不断光顾。其不同点在于感受，即在那里的体验。

这种"体验"究竟是什么，这个问题之所以不好理解，是因为"体验"并不是通过组织或者个人"具体做了什么事"就能营造出来的，而是组织或者个人在"作为什么样的组织存在、作为什么样的人存在"的基础上，通过所做的事情营造出来的。当你走进星巴克时，会有服务员提供个人服务即为你点单。从服务你的服务员身上也会有一种能量产生。他们可能会说："早上好，诺曼，还是来一杯超大杯无咖啡因摩卡吗？"他们说这句话时的能量会让我产生体验。如果他们真的很想看到我来，我会体验到他们的关爱，而如果他们只是照本宣科，声音没有一点真情实感，我会感觉自己好像在和机器人打交道，体验将完全不同，这缔造了"星巴克体验"。在星巴克及类似的地方，你得到的不只是一杯咖啡，你购买的是他们提供的体验，体验创造了额外的3.36美元。

大多数人的购买决策都不只是基于产品本身，我们都愿意为某种产品之外的事物支付额外的钱。苹果公司创造的体验，可以让普通产品的功能和技术摇身一变，出类拔萃。他们在产品设计、用户交互之上营造了独特

---

① 盎司既是重量单位又是容量单位，此处是容量单位。1英制液体盎司=28.413 06毫升，1美制液体盎司=29.573 53毫升。

的用户体验，即他们的全维度综合体验，从购买体验到售后支持，还神奇地改写了有关"内容分发"[①]的业务模式。

诺德斯特龙（Nordstrom）为购物体验树立了新的标杆，它带给人们的体验远超购买衣服本身；在乔氏超市（Trader Joe's）购物，你会体验到非常周到的客户服务，它提供少量但质量一流的商品，在那里购物还带点探索的感觉；全食超市的使命是让世界变成一个更健康的地方，它深深受到其员工、供应商和顾客的拥戴，这创造了一种归属感体验，远远不只是购买日用品。当然，产品本身和价格也很重要，但其影响远远无法和客户的体验相比。

实际上"品牌体验"在人们的购买决策中起着至关重要的作用，我们说的是品牌"体验"而非品牌"形象"或者品牌"营销"。品牌形象和营销是活动能量场的能量，与之协同运作的是理性的大脑。你可以创造和推广品牌，但品牌体验是和品牌相连的能量、是客户感受到的能量。它是关系能量场的能量，纯粹且简单。重要的不是你说了什么或做了什么，而是你在其中所投射出来的能量，以及它给别人带来的体验感。体验是一种情绪感受，无法制造。人们能够感受到的才是组织的真正特质。它是另一种能量，有机组织能够通过有意识的选择来把握和培养它。

许多年前，有一次我太太质问我对于她所做的某件事情的感受。我已经回忆不起来具体是什么事情了，但是我非常清楚地记得我是如何努力说服她我并不是那个意思的。我本以为我精挑细选的词语和论据应该可以让她相信她的体验不准确，但是丝毫没用。我甚至努力说服自己我表达的就是真的。最后，我意识到她所感知到的，其实正是我不愿在她面前甚至不

---

① 这里指苹果创造了类似于手机 App 等内容提供商如何将内容发布给终端用户的全新生态体系。——译者注

愿在自己面前承认的东西，而那才是我真真正正的感受。后来在我承认她所感知到的其实是准确的之后，我们才开始解决真正的问题。

这正如我们前面举的一首歌的例子，它的词和曲相互交织，歌词就是我们所说和所做的，但是曲子的能量传达着我们真实的感受。组织也一样，即便你可以随心所欲地调整你所传达的语言信息，但是客户体验到的就是你真实的存在。这就是"关系能量"的作用，在有机组织模型中是可以通过有意识地做出选择来抓取和培养这种能量的。

8.2 认知价值产生利润

在任何一个有机组织中，"细胞"（组织中的人）和"器官"（销售、市场、生产等职能部门）与"有机的客户"及市场中的其他"有机体"互动。不管是在销售过程中还是在内部沟通过程中，都存在着互动和能量交换。和上一章关于合力的讨论类似，这种互动可能会放大能量，创造一种正向的体验；也可能会削弱能量，创造一种负向的体验。如果说关系能量场的合力是由人贡献的能量加总得到的，那么在这个能量场中的"体验能量"的合力则是由客户对产品或服务的认知价值加总得到的，而最终认知价值决定了你们所获得的收入。

可以用一个简单的公式来表达，即 $R=PV=FV+EV$，R 是收入（Revenue），PV 是认知价值（Perceived Value），FV 是功能价值（Functional Value），而 EV 是与体验相关的价值（Experiential Value）。回到我们前面谈到的购买咖啡的例子，功能价值就是咖啡这个产品本身，体验价值就是客户赋予所有关系互动的价值总和。而纯粹因为体验价值，星巴克在每杯咖啡中额外收取 3.36 美元。

正如图 8-1 中所展示的，把体验作为客户和组织中的人之间的能量交换加入模型，不但延展了模型，还让我们又往揭示大家梦寐以求的神奇绩效是如何被创造的道路上前进了一步。

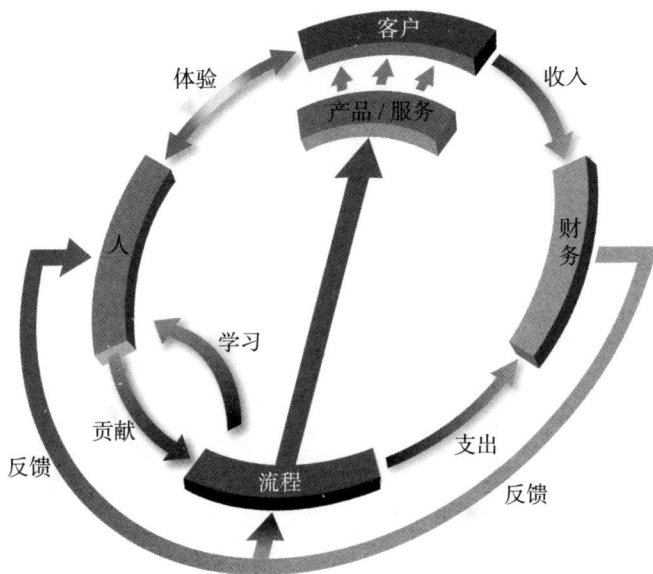

图 8-1 体验在有机组织中的作用

第 9 章

看不见的第三个能量场

　　背景能量场作为第三个能量场，在组织中看不见、摸不着。它是组织的宗旨之魂，为生命体界定了发展边界。

生命本来没有意义，是你赋予它意义。生命的意义是任何你赋予它的东西，活着就是意义。

——约瑟夫·坎贝尔

背景能量场——有关意义和宗旨的能量

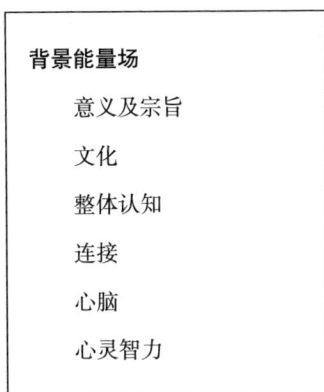

```
背景能量场

    意义及宗旨

    文化

    整体认知

    连接

    心脑

    心灵智力
```

当你做着自己所热爱的事情——追随自己的热情时，这种能量就会流动起来。这是我们做事情的理由，是意义和宗旨的能量场。这个能量场的能量是现在的科学家最难以观察的，但是你却可以强烈地感受到它的存在。它不仅会影响甚至还会决定其他两个能量场（活动能量场和关系能量场）发生的事情。人们通过内在的体验来了解"背景"的存在，一种我们在身体里感知到的能量，例如，一支优秀的体育团队的团队精神，或者一个杰出的军事组织的合作精神。

为了更好地理解这种感官体验，设想一下你走进一个充满了紧张氛围的房间。没有人在说话，也没有发生什么事情，但是你能够非常明显地感受到紧张的能量。"背景能量"就是以这样的感觉流经个体和组织的。

在组织里，背景能量场经常被误解为企业的文化，它是文化但又不仅仅是文化，文化只是背景的一部分而不是全部。在我们这个社会里，文化这个词让人联想到"能做什么""不能做什么"，而背景肯定不只这些，它甚至比我们绞尽脑汁研究琢磨的道德观念和共享价值观更广阔。

背景能量场是我们共同拥有的美好回忆，是我们编写的神话，用以向他人、向我们自己阐释我们所在的世界。因此，它不是一种容易观察和测量的东西，但确实界定了"我们在这里是如何做事的"。组织或个人的一言一行不能和"背景"这个框架相违背，因为它定义了组织。

把它比作装水的容器，"背景能量场"的作用就比较形象化了。水的形状反映的是容器的形状，所以从本质上来说，容器决定了水的形状。同样地，背景能量场决定了形状，即组织的本质，所有活动能量场中的行为及关系能量场中的感受，同样都由背景能量场这个容器所界定。

你是否留意到，组织复制了其领导者的性格？我的一个客户是一家技术型公司，其创始人兼 CEO 特别回避冲突，每当他要向某个人传递不好的消息时，都会让人力资源总监代劳。这给背景能量场设定了某种模式，导致整个组织的文化都同样呈现出回避冲突的特质。员工很少直面彼此，解决冲突和问题的能力严重不足。为了改变这种模式，我们不得不重新界定这个背景能量场容器边界的相关故事。

背景能量场的能量与意义及宗旨相关，这种能量驱动了如今商界广为人知的敬业度的存在。当人们只是用活动能量场的能量工作时，敬业度很低，他们只是为了工资而工作；当工作与其自身的意义及宗旨使命感深度连接时，他们从自己的背景能量场中汲取了无穷的能量。

我在参加一个管理技能工作坊时，听到了"三个砌砖者"的故事。有一个人走在大街上，看到三个砌砖工人在垒墙，他很好奇这些人如何看待自己这项繁重的工作，于是他走上前去，挨个问他们："你们在做什么？"

第一个工人回答："你认为我在干什么？我在砌砖，先铺上砂浆，然后放上砖，日复一日，从早到晚。"第二个工人回答："我正在为这栋大楼砌砖垒墙。"第三个工人激动地回答："我正在协助建造这座彰显上帝伟大荣耀的大教堂，我非常荣幸自己能够从事这样一份开心的工作。"

当人们带着深深的热情和使命感工作时，他们会注入更多的能量，付出更多的努力，好似焕发新生一般，他们对所做的事情兢兢业业，激情澎湃。像这样一些在自身热情驱动下敬业投入的人，行动给了他们能量，这就是我们常说的满腔热血。

在第 4 章中，我提到过非营利机构中的志愿者所具有的能量，并问道：如果你们的公司拥有类似的能量，会怎样？ 1973 年，我加入惠普尼利（Neely）销售区担任系统工程师，大约 6 个月之后，我已经隐隐感觉到这家公司拥有某种独特的东西，吸引大家愿意超越预期的结果。这种态度和能量与我之前在普·惠公司的四年工作经历形成鲜明对比。

第一次出席区域销售会议的场景历历在目，我全程参加了这个例行会议，经历了新产品展示、销售业绩回顾及下一年的销售预测的流程。我还记得区域销售经理让我们大家一起玩的激励销售的小游戏，他不断强调和客户保持联系的重要性。当然那时候对于在外奔波的"战士"，手机普及时代还很遥远。他让每个人上前，把手放入一个装满一角硬币的桶里，能拿走的全部归自己所有。

为什么经过这么多年，这个小游戏还留在我脑海里？一方面，我并不是销售人员，另一方面，我对于惠普还是一张白纸。然而我是团队的一员，一个完全被大家接纳的一员。并且尼利不是一个普通的销售团队，它是一个顶尖的业务团队，而我是这个精英俱乐部的一员。不是因为我需要证明什么，纯粹就是因为我是团队的一员，这个活动带给我一种自豪感、一种归属感，以及一种为了团队超越自我的渴望。我没有任何理由让我的团队失望。

是因为一个抓取硬币的简单游戏吗？是因为我被接纳的事实吗？或者是因为我成了组织的一员，自豪感、服务客户的渴望，让我从中体验到了特别的感受吗？也许都是，但又不仅仅是这些。我知道我在惠普服务期间所付出的能量远远超过我在普·惠的付出。我不是唯一一个对在惠普所做的事情如此兢兢业业、激情满满的人，尽管不是所有人都那么敬业，但是兢兢业业、渴望成功的人占绝大多数，而在其他很多公司则相反。

9.1 背景能量场

我的这种投入感来自感受到自己扮演着重要的角色。我觉得在惠普这个组织里我可以完全呈现出什么对我是最重要的，我可以连接到底层的意义和宗旨，并把它们表达出来。

迄今为止，我们把组织描述成一种能量流动。我们可以将其关联到一个有机组织的物理或者生物特性，不同能量形式的特性，以及能量是如何流经这个组织的。把组织这个"法人实体"与"人体"放在一起类比，我们知道人的身体可以从物理、生物学或者生理学角度来描述；但我们也知道，人类不仅仅是生理学意义上的存在，同样，组织也不仅仅是生理学或者物理学上的存在。

思维、信念和激情在生命系统中涌动，不管是个人还是组织。你可以理解为，正如人们对于做任何事情都有其底层宗旨和原因一样，公司本身也自带底层宗旨这种能量，就是这种能量让它充满活力。背景能量场就是这种最关键的能量源的栖息地，即图 9-1 中的"宗旨之魂"。

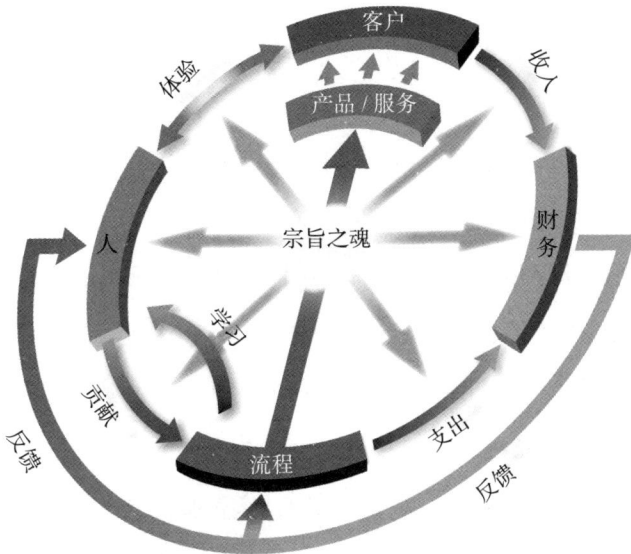

图 9-1 宗旨之魂在有机组织中的地位

所有生命体存在的具体、重要的原因都是由这个底层的宗旨决定的。如此多样的能量形态组合成一个具体的生命体，不管这个生命体是一个细胞、人，还是公司，我认为它一定不是纯粹地随机发生的。

能量流变成了某种生命体的特定模式一定是事出有因的，这个原因在某种程度上服务于生命本身。这个宗旨到底通过什么（上帝、DNA 的驱使或者是一种进化的自然发展）植入生命体还有待研究。但我确信，橡果是为了成长为一棵橡树而生的，肝脏细胞为了成就自己的"宗旨之魂"，因此选择成为肝脏的一部分，心脏细胞则成为心脏的一部分，而心脏和肝脏最终成为身体的一部分。每个生命体都呈现出一种特定的能量形态，以有效地服务于自身的宗旨，从而赋予该生命体一个独一无二的存在理由。

通常，为了完成自己的宗旨使命，单个的生命体会和其他有"相同思维"的生命体结盟，以更好地实现自己的宗旨和使命，达成共同的结果。他们会因此集合大家的基因、付出和能量，从而把这种集体的力量转换成共同期待的结果。

我们期待达成的结果源自生命体的"宗旨之魂"，这个宗旨之魂决定了每个生命体存在的意义。

它也是一种吸引力和凝聚力。源于一种有意识或者无意识的深切感受——这个团队会帮助我达成个人的灵魂宗旨，因此我被吸引到了组织这个生命的集合体，成为其中一分子。我的个人宗旨和这个组织宗旨的吻合度决定了我的行动能否升华它的宗旨，反之亦然。

宗旨之魂贯穿于所有活动和关系中，它是我们服务于这个世界的独特方式，是我们离开后留给这个世界的遗产，它确定了我们命中注定要做出的贡献以及做出的方式。在以"人"这种方式存在的能量形态中，宗旨之魂帮助我们从出生时就明确了我们将来会成为工程师还是艺术家，舞者还是画家；在以"商业"这种方式存在的能量形态中，组织的宗旨之魂明确了该企业在商业这个大舞台中即将扮演的角色，它即将为整个社区做出的独特贡献，以及它最适合服务的市场。宗旨之魂在活动能量场的表现形式是为客户提供的产品和服务，在关系能量场中则是吸引来为其工作的员工或者购买其产品的客户。

9.2 整全体验：智慧的源头

从性质上看，活动能量是"线性"的，关系能量围绕着一些"模式"

活动，而背景能量的本质则是"整体性"的，一种无法分割成碎片来观察研究的东西。背景能量最常见的形式就是俗称的"整全体验"，它也是直觉、洞察力和智慧的源头。

背景能量场将我们与其他场及其相关的能量连接起来。图 9-2 提供了一种很好的思路，可以帮助我们更好地理解背景能量场的连接特性。

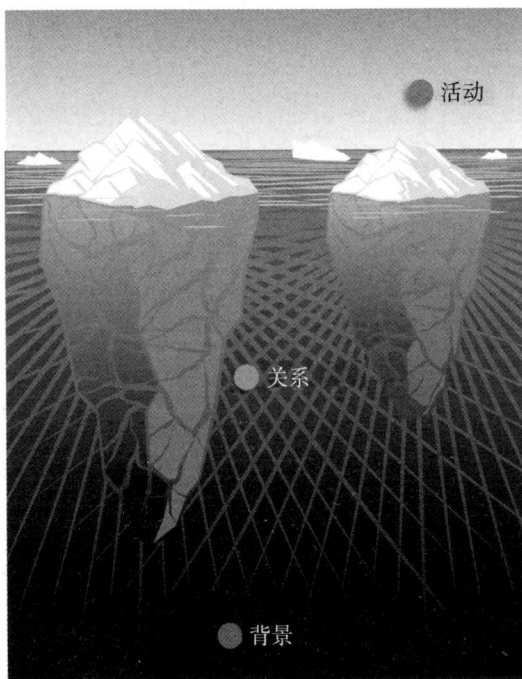

图 9-2 背景能量场的特性

冰山虽然看起来是漂浮在海洋上的一个独立的个体，但我们知道它本身来自海洋，成分和海洋一样，都是海水，它只是海洋的不同形式。正如冰山一样，我们也沉浸于一种能量的"海洋"，我们和能量的"材质"一样，只是形式不同。这个场的能量有很多名字，如生命能量、气，或者内在精神，但我将它看作创生万物的无限能量场。

正如洋流推动着冰山，背景能量场中也有一种能量流。这个"流"引导生命的进化、扩张和成长，有一种能量流引导生命演化成更高级的形式，组合成更复杂的形式，在更高层次上自觉自知。

在图 9-2 中，从冰山发散出来的能量波就是关系能量，这是不同能量源之间在进行沟通，是两个生命体之间共享的"词和曲"[①]。生命体之间总有信息在传递，用我们的这个比喻来说，就是两座冰山之间、冰山自身与整片海域之间相互传递的能量。

这不难理解，想想你和另一个人的沟通，你想分享的信息是你个人体验的表达，它可能是快乐也可能是伤心的体验，或者只是你对于一些想法和概念的体验。我们可以再回到歌曲的那个比喻中，从而更深入地进行理解。你想表达的信息包括"歌词"和"曲子"。"歌词"是显性的部分，也就是你所说的话，"曲子"是信息的一部分，它携带着"歌词"，穿过你们之间的能量场。我们经常提及的非语言沟通远远不只肢体语言，它包含着背景能量场的深层能量、深层的使命感和意义感。

在我参加过的一个研讨会上，其中有个活动是让我向一位伙伴传达某种感受。老师小声告诉我表示感受的词，另一位伙伴不知道是什么，并且我只能用同一句话"鱼儿高高跃起游走了"来表达。我需要传递的感受词首先是"生气"，接着是"愤怒"，最后是"爱"。让我吃惊的是，我的伙伴非常准确地猜到了我想沟通的情绪，她好像能够对我的情绪感同身受。我从中认识到，虽然对我们而言语言很重要，但携带真实信息的从来都不是语言；我还认识到，人的内在状态，无论平静、镇定、愤怒、爱或者沮丧，是沟通中对方真正接收到的信息，这和所用的语言无关。这里的好消

---

① 关于"词和曲"这个比喻所代表的内容的解释，可参见第 6 章"关系能量场——互动的能量"小
　节。——译者注

息是，人可以控制自己的状态。

　　背景能量场的能量正是"音乐"的力量所在。这个能量由人所体验到的当下状态的振动频率决定，人越能够觉知并真实地反映这种状态，对方的接收就越准确。这就是"真实交流"的真正含义："词""曲"相和、一以贯之。人在当下感知到了什么就真实地传递出来。

　　我们也知道信息是一种能量形式，理念和想法则是另一种能量形式，我们自身的背景能量场里潜藏着许多信息，但如果你没有学会如何提取，那么它们将一直保存在潜意识的"海平面下"。除了潜藏在我们自身背景能量场中的信息外，大家还能想象到在宇宙的背景能量场中也密布着海量的信息，鉴于我们都在无限的背景能量场中"游泳"，所以我们都能够接触到这些信息，以及其中的智慧，前提是我们学会如何挖掘它们。

　　因为其连接性，背景能量场提供了我们所处环境的信息和洞察力，这是我们无法通过正常的信息加工中心获取的。我们在组织生活中经常感受到的"直觉"就是从背景能量场中跑进意识层面的信息，我们经常把它们称为智慧。通过这种能力，我们能够深入理解世界，看见万事万物的相互关联性，以及我们所有行动会造成的影响。

　　这个能量场收集信息的方式有别于其他所有能量场，在这里信息并不直接通过感官传给我们，一开始也不是由左右脑的思维加工中心处理的，而是通过我们的身体感知到的。例如，"脊柱发热""脚趾刺痛"等，然后你知道有事情发生了。

　　哥伦比亚大学医学中心的迈克尔·葛森（Michael Gershon）的研究表明，我们的消化系统包含约 1 亿个神经元，超过了脊髓或者周围神经系统；加利福尼亚大学洛杉矶分校（UCLA）大学医学院的生理学家埃默里·梅厄（Emery Mayer）发现迷走神经中大约 90% 的纤维，将信息从肠道传达到大脑，而不是反过来。

心数学院（HeartMath Institute）致力于探索心脏与大脑的生理传递机制。心脏也是一个神经加工中心，与大脑的传输路径对大脑的信息加工有重大影响。约翰（John）和碧翠丝·蕾西（Beatrice Lacey）是当代第一批从事心脏和大脑交流研究的生理学家代表。在 20 世纪六七十年代的 20 年研究中，他们发现心脏和大脑之间的交流极大地影响着我们如何看待世界及其应激机制。

安德鲁·阿默尔（Andrew Armour），一位早期神经学研究先锋，在进一步的研究中引入了"心脑"这个概念。他的研究表明心脏有一个复杂的内神经系统，复杂精细，足以独自成为一个"小型的大脑"，心脑是一个由多种神经元、神经传递介质、蛋白质及相应细胞组成的复杂网络，和大脑类似。它精细的回路使得它能够独立于大脑发挥作用，包括学习、记忆甚至感觉。

活动能量场的能量由左脑处理，关系能量场的能量由右脑处理，而现代的研究表明，"身脑""心脑""肠脑"在负责处理背景能量场的能量。

麻省理工的著名学者奥托·夏莫（Otto Scharmer）在一篇文章中写道：

"过去 15 年，我在不同的领域、系统和文化中观察、推进和共同领导各种变革项目。这些经历中最让我震惊的一点是，基本问题如出一辙，那些面临问题的领导即使使出浑身解数都还是不够好，无一例外。这些领导和管理者所面临的问题需要他们慢下来，甚至停下来；然后他们需要开始关注、聆听、沟通，更努力地聆听，感知想要发生什么，深刻地反思，连接到内在的智慧源头。"

我相信我们身体的三大处理中心是彼此关联的，"身脑"从周围（背景能量场的"海洋"中）获取信息，这种信息指向整体的感知，一种对周围万事万物的体验。信息首先通过心脑加工成体验感，然后传到右脑，识别出模式，这些模式赋予我们的体验以形状和意义，然后信息继续传到左脑，进行筛选、分类和存储，以便未来调用。

虽然还需要进一步的研究来证明这个假设，但它提供了一种初步框架，让我们能够调用身体的所有信息处理中心。其根本目的是让我们可以接触到更多资源，做出更好的决策。

9.3　评估背景能量场

我们已经学会如何评估活动能量场所需的技能。这方面的工具有很多，包括认知能力测试、智商测试、运动协调能力测试等，用以评估逻辑和空间能力，它们是与活动能量相关的能力。20 世纪 90 年代中期起，丹尼尔·戈尔曼和其他研究者在情商领域的研究进入我们的视野，情商用来评估我们关联他人和自己的能力，这是关系能量场相关能力的一种测量方法。

我们下一个要进军的领域是背景能量场的相关能力评估。已经有很多人在尝试开发一种评估心灵智力的工具。例如，诺基亚、联合利华、麦肯锡、壳牌、可口可乐、惠普、默克制药、星巴克等公司，越来越多地在内部使用模型来开发和评估心灵智力。在"量子领导"咨询公司，我们使用深刻变化（Deep Change）公司的 SQi 测评工具，它在促进组织及其领导者与背景能量场的智慧深度连接方面取得了显著成果。

9.4 背景能量场视角剖析商业

众所周知，当今商界发生的很多事情无法用现有模型解释，因为它们都是基于机器范式的。机器范式以活动能量场（我们所做的事情，以及如何做）的眼光来看待万事万物，如果你想要的东西不能简化到用行动、任务、指标来表达，就会被视为虚无缥缈的废话。虽然人们也认同商业有其"软"的一面，即人情和关怀，但这一面很容易被撇在一边，因为大家觉得更重要的是我们所做的一切，以及如何做得更好。

在过去的半个世纪中，商界认识到现有商业模式所依附的这种机器范式有很多局限性。我们试图在这种范式中融入心理学家的理念，以提升整体的适用性，但是远没有达到它应有的影响力。

在 20 世纪中期，我们引入了团队、协作、使命 / 愿景 / 价值观、战略匹配、服务型领导、领导替代理论及众多先进的管理理念，这些理念已经成了管理词汇中的一部分，但在大部分公司，似乎也就是这个程度而已。这些理念并没有从根本上整合和转变现有的机器范式，不过是给"机器"增加了一些装饰。甚至是最新的企业社会责任、自觉资本主义和共享价值观都被迫放在机器范式这个框架里来解释其价值。虽然已经有很多证据表明这些新的想法真的能够带来不同，但它们还在被大规模采纳的路上苦苦挣扎。因为范式决定并塑造了我们的行为和决策：任何在现有范式之外的想法都没有立锥之地。这些新的理念只能依靠经验事例或者"为善行善，终有回报"这样的信念，来推动人们在组织里采纳和使用。

但是任何新的理念被采纳之路都是漫长而艰辛的，而且只有现有范式能够扩展以包容新的知识，新的理念才开始被接纳。当我们无法用现有范式解释我们取得的结果时，我们就倾向于把它归结为运气、魔法、无形的手或上帝，或者我们不屑一顾地称其为潜意识的杰作—— 一种同样不受我们控制的东西。

但是，总会有人创造出新模型，更好地解释我们所体验到的生命的运作方式。借助新模型，我们开始理解它不仅仅是以太，而是量子物理学定律；它也不是虚无缥缈的上帝，而是物理定律中的相互作用。新的心理学和人类行为理论更好地解释了潜意识的力量并为我们所用。因为有了这些新的模型，我们现在可以更好地控制自己的行为，并且拓展了自身的意识、理解和智慧。

有机组织是一个帮助我们理解商业领域所有力量的新模型。理解各种发生作用的能量场，能够帮助我们更好地决策，引导"组织之舟"顺利通过湍急的水流——潜藏于活动能量场海平面之下的关系和背景的作用力经常兴风作浪。

之前被视为无法解释的东西，即商业"软"的一面，现在变成商业"硬"的一面的重要组成部分，三种能量的能量场相互作用，彼此依赖，共同造就了理想的结果。

9.5　所有结果始于背景能量场

回归基本的原则，万事万物都是能量，能量不生不灭，因此我们在生活中体验到的所谓结果，是一种能量转化过程的产物。背景能量场是充满着无限可能的能量场，一切事物显山露水的源头，它是万物成形之旅的发端处，在成形过程中，无形变有形，无限可能变成物质形态。

个人和集体的背景能量场所划定的可能性，就是能量显现为物质形态的边界条件。我们为生命赋予的意义和宗旨，栖身于背景能量场里，后者界定了我们疆域的边界，也界定了我们生命所处的容器形状，打个比方，这是一座特定的冰山 [1]。

事物成形过程的第一步，就是把意义和宗旨转变为价值观和信念，进而塑造出我们的世界观、我们的范式，这些世界观和范式反过来又界定了可能和不可能的边界。因此，可以毫不夸张地讲，背景能量场所编织出的边界界定了我们可以和不可以得到什么，其或推动或阻挠着我们。

9.6 三种能量场之舞

三个能量场交织在一场持续进行的互动之舞中。例如，我们会为在活动能量场（物理世界）里观察到的东西赋予意义，这反过来影响我们的个人背景能量场，而背景能量场又界定了我们在物理世界的体验边界。

最终，我们创造的东西是"活动"的结果，但"活动"受制于"关系"，"活动"与"关系"又同样受制于我们所持的"背景"。

如果只看我们所做的事情，即活动，它可能如图 9-3 所示；但是几乎每个活动都涉及和别人的互动，如图 9-4 所示。

---

[1] 作者这里之所以用"冰山"来比喻生命所处的容器形状，是因为作者在本章图 9-2 中解释三种不同的能量场时用了冰山的形象来做说明。——译者注

图 9-3　活动的表现形式

图 9-4　"活动"中互动的能量界限

　　"活动"是在关系圈里进行的，这些关系或支持或阻碍着我们的努力；正如"活动"只能在关系圈中进行，"关系"和互动双方也都同时只能处于由背景能量场界定的容器里，如图 9-5 所示。

图 9-5 "关系"的能量流动界限

　　一个信息安全行业的客户需要提高竞标的成功率。这个工程承包商重新制定了投标流程，甚至雇用了一位投标经理来监督和管理每个投标的全过程，但中标率并没有因此提升。直到我们帮助他们识别出成功的绊脚石后，绩效才有所提升。

　　问题出在文化背景上，他们的文化根植于单一资源的投标环境。在这种环境下，为客户的问题设计高端技术方案的能力是成功的关键，这成了这家公司的工程师的自豪之源，也是公司扬名于世的根本。

　　随着公司的发展，经营环境发生了改变，他们发现竞争态势日趋激烈，但工程师无法与时俱进，无法从高端技术方案降下身段，这个文化基因导致他们无法取胜。他们无法做出必要的取舍，无法适当削弱技术方案的先进性以确保预算在客户的接受范围之内，因为那样违反了他们的核心理念。

　　投标流程再设计及投标经理的工资，这些投入都付之东流，公司也错失了上千万美元的业务机会。这些流程改变并没有错，错在实施这些改变时没有相应地对背景能量场进行必要的调整，这个决定可能性的框架没有调适好，因此活动能量场做出的流程改变最终无法扭转局面。当我们重新界定了背景能量场这个容器后，他们的中标率在两年内从零上升到60%。

9.7　决定发展边界

个人和集体容器的形状，即我们的边界状态，毫无疑问是由我们讲述的故事界定的。因为我们讲给自己的生活故事，我们更坚定自己的信念，这些信念界定了我们能或不能缔造的结果。

一切外在都是你内在的映像，这是审视生活及其成败的一个简单指南。我用这个准则审视自己的生活，它经常能够帮助我发现在业务中没有意识到的事情。

2010 年，我和大多数人一样都面临财务困难。三月的时候，我完结了一个大客户的项目，导致严重的现金流短缺。尽管我使出了九牛二虎之力，采取了所有能够想到的办法努力开拓新业务，但一切如故，我的团队无法达成我希望的结果。

意识到外在世界是自己内在世界的映像，活动和结果是背景能量场的映像，我开始审视内心。我开始一段自我发现之旅，去发现和探寻根植于自身背景能量场的故事，这些故事界定了我的可能 / 不可能边界。其中很多和金钱、价值、意义相关，都有一个相似的主题，这些形成了一种独特的模式："我看问题的方式如此与众不同，以至于没有人欣赏。"

虽然，我知道很多客户欣赏我，我也能够证明自己给他们做出过很多有益的贡献，但在我的潜意识深处，故事的版本却不一样。我感觉自己带给他们的价值远远不够。我知道自己有很多洞察和见解，但内心的另一个声音却说别人可能不理解我，也不感激我的贡献。我的行为无意识地遵循我内在的故事。我对自己的见解小心翼翼，甚至因为观点不同而向对方道歉。我的内在故事影响了我的行为，以及潜在客户对我的感受，鉴于这样的世界观，吸引不到客户有什么好奇怪的？

2011 年年初，我开始书写新故事了，我转变了旧故事的模式，进而转换了界定边界的能量形态。这不是一个评判自身故事的过程，甚至也无须意志坚定地努力改写故事，那会像通过鞭打的方式驯服一批野马回到马圈一样徒劳无益。这是一个观察和接纳的过程，一个和故事交朋友的过程，需要承认其中真实的部分及它对我过往一生的影响。一旦你由衷地接纳了它，能量就从这个具体的故事模式中释放出来，形成一种新的模式，一个新的故事。

这个例子中的故事是个人层面的，每个人都会有的情况；组织也差不多，它在其集体的潜意识里也深藏着各种故事，是故事界定了可能／不可能的背景边界。适用于个人层面的过程对于组织同样有效，这是一个观察和接纳集体故事的过程，接纳其真实的部分及其对组织过往一生的影响。一旦由衷地接纳了它，能量就从旧的模式中释放出来，形成一种新的模式，它将支持组织创造更好的结果。

以新故事重新界定新的背景能量场边界之后，要想在活动能量场中看到结果，一般都会有时间差。这也解释了为何变革通常如此困难：我们太习惯于活动能量场中的"因果立现"了，背景能量场之中的变革是不会遵循因果立现规律的。

因此，你需要具备一定的勇气，一种跟随自己内心召唤的勇气，允许生命往往以一种无法预测且难以掌控的方式徐徐展开。我定期探寻自己的底层宗旨和使命——自己的"宗旨之魂"，我能清楚地听见，我正在走的路就是我注定要走的路。这条路一直是我的指南针，虽然我不知道即将发生什么，但我相信它会有所成。我感觉到我的内在已截然不同，它体现在我的行为上，让我更自信地与人打交道。当我分享观点和见解时，内心更强烈地感受到它们能够给对方带来很大影响，我开始与更多对于我的工作有兴趣的陌生人士交流。

我喜欢玫瑰花，我知道只有灌溉好花丛，玫瑰才会盛开。我可以备好土壤、栽下枝条、培育玫瑰，施肥、除草、浇水，但我不可以要求玫瑰花在下周二下午三点准时盛开。生活也一样，我为自己的"背景能量田"中的故事"除草、施肥、浇水"，当玫瑰花盛开时，我的生命之花也将绽放。

面对投标成功率挑战时，我的客户通过重写关于其意义和宗旨的故事，成功地改变了结果。当改变流程而没有收获期望的果实时，我们必须审视关系能量场和背景能量场的能量形态。

结果的达成需始于构成组织背景边界的故事，新的故事催生理想的关系和活动，进而产生理想的结果。

第 10 章

商业本质

传统的机器范式仅仅关注活动能量场。如果将组织看作有机体,那么另外两个能量场的因素应重新注入之前的范式内。

"只有在互赖的人际关系上逐步得到完善，才能不断改善互赖的系统和流程。"

—— 史蒂芬·柯维

现在，我们可以更充分地了解商业真正的本质了。它远不只是一台机器，不只是用来高效率地生产那些卖给用户的产品和服务，也不仅仅是一台印钞机，更不仅仅是一个简单的蜂巢，人们在其中像工蜂那样忙碌着。

商业是生命体，包含了多个维度的生命体，创造并实现着自身的"宗旨之魂"。它是一个活跃的创造体，能为社会做出独特的贡献。

10.1 能量场视角下的商业

在过去的 150 年中，我们一直遵循牛顿的法则，把商业看作一个机器。弗雷德里克·泰勒（Frederick Taylor）和许多管理学家的理论，系统化地指导了我们的管理思想。在这种观点里，如何创造产出只是一种简单的一维视角，即认为我们的注意力应该集中在那些促进流程改进、实现指标和可量化目标的"活动能量场"的事情上。

在前文中，我们将业务和创造业绩的行为描述为能量的三个维度，如图 10-1 所示。它描述了我们该做什么、如何做、与谁合作，以及我们这么做背后的使命和宗旨。这三维分别是"活动能量场""关系能量场"和"背景能量场"。这些就是"有机组织"的"身体""思想""情感"和"心灵"。

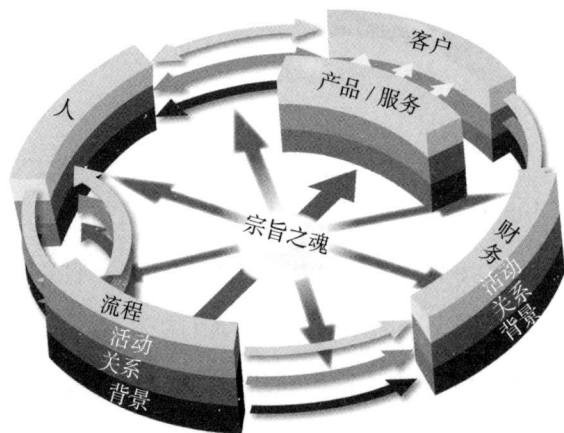

图 10-1 三维的有机组织

当我们将组织看作"被赋予了生命，能够为其所服务的人带来有价值的产品和服务"的生命体时，参与规则就会改变。我们从生命机能的更深层智慧中汲取了丰富的知识，而不是局限性地将组织视为一个机器。我们可以将对人体和灵魂的普遍理解，注入以前那种并不正确的"冷漠、毫无生气的协作"模型中。

在表 10-1 中，我们将"有机组织"的属性与"生产机器"的属性进行了比较。

表 10-1 "有机组织"与"生产机器"的属性对比

有机组织	生产机器
创造	生产
有机互赖关系	离散零件组成的系统
学习和接纳	听命行事
宗旨意在服务	宗旨意在做事
感知和回应	预测与控制
关系型的	交易型的

这样一来，在组织里想推动一些真正的变革却只能无功而返的现象，难道还不好理解吗？当"背景能量场"被设定为"机器思维"范式时，无论我们说什么或做什么，我们的所作所为都将像在操作机器一样。我们可能确实相信人是我们最重要的资产，我们可能会说我们是个学习型组织，但是"活动能量场"中的任何行动却仍旧停留在机器范式的界线之内。

当我们将"背景"换为"有机组织"时，组织就突然"活了过来"。我们也从活着是为了完成一系列任务，变成了活着是为了做出创造；从只去做我们已知能做的事情，转变为去创造"所有我们认为可能和渴望创造的未来"。我们将学会珍惜和培育组织，兑现其使命和宗旨并赞叹创造出的成果。我们会对组织的生存、成长及它留给这个世界的东西，做出更加彻底和深入的承诺。

当我们学会与组织内部流动的能量一起工作时，我们引导组织前行的能力会增强。在面对每一个挑战时，我们都能在恰当的能量场中有所动作。

开创一家类似苹果、全食的公司，也并非"懂魔术"的人才可以。这项新科学提供的框架，让我们将能量释放并引导出来，正是这种能量具有创造业绩的"魔法"，我们从"机器"的一维空间转向了"生命与创造"的三维空间。

10.2 成功案例

我的客户之一是一家拥有 50 年历史的公司，它将并购和有机增长相结合，多年来逐步发展壮大。在最初的 45 年中，其并购策略遵循标准规则。他们评估目标公司的业务，研究公司的财务收益以确保其增值空间，并确保在并购后将业务流程整合在一起。在并购方面，他们的成功率与大多数公司相似。有成功，更多的是失败案例。

2001 年，公司开始从创始人过渡到下一代管理团队。到 2005 年，该公司已由新任 CEO 及其带领的高管团队领导。他们沿用了以并购推动增长的战略，但在一点上改变了做法。过去的六年中，他们进行了七次并购，除一次失败外，其他所有并购均取得了成功。七次并购中有六次成功，是什么样的原因造就的？

尽管他们仍然遵循着传统的并购策略，做法上也是传统的按照战略一点点进行扩张、安排适度的尽职调查等，但他们整个并购的本质已经完全不同了。除了那些"活动能量场"的事情，他们还关注"关系能量场"及"背景能量场"的事情。

他们会花工夫去了解可能被他们并购的公司的"宗旨之魂"，公司创立的原因、对员工及其客户有何意义。他们会去了解被并购公司与其所有利益相关者，包括员工、供应商、客户之间的关系的本质。不是那种交易上的关系，而是那种人与人之间的关系，这才是被并购公司与利益相关者之间的互动在质量上的体现。

在新管理层的领导下，并购更像是一种"收养行为"而不是"采购行为"。他们将一个新成员带入他们的大家庭，并且他们希望确保新成员从新关系中尽可能地收获更多，他们使用了"有机组织"模型，而不是"生产机器"模型。

10.3 企业活动的四大模块

在"有机组织"模型中，起点是作为能量源头的人，然后将能量转化为产品和服务，提供给组织的社群、所服务的客户。

人，一个人或一群人，都是"背景能量场"能量的来源和管道。人们在组织的业务流程、业务模型和基础架构的指导下做出努力，贡献能量，为客户服务。财务系统和其他过程指标可提供有关绩效的反馈。过去、现在乃至将来，"人员""流程"和"客户"，都会是每个高管和 CEO 需要关注的三个关键模块。

CEO 和高管还应关注的另一个要素是"领导力"。尽管在"有机组织"模型中没有明确列出这一要素，但我们必须认识到，领导者对于组织来说，是独特而重要的一部分。他们扮演着至关重要的角色，激发、引导和协调着组织中的能量流动。

现代企业的所有活动都可归于以下四个模块，如图 10-2 所示。

| 领导力 | 人员 | 流程 | 客户 |

图 10-2　现代企业的活动模块

第五个要素是"财务"，即测量系统。通过这个要素我们能够确定，在满足用户的需求时，在生产产品和提供服务时，以收入和支出为代表的最佳平衡点在哪里。

收入可以帮助我们看到市场对我们所提供的产品及服务估价几何，这是我们估算客户需求的一种方式，因而这归于"客户""产品"模块；支出则反映了流经系统的能量在使用过程中的效能和效率如何，因此归于"人员""流程"模块。

最终，一个组织成功的决定因素是"领导力""人员""流程"和"客户"这四个模块的优化程度以及彼此之间的平衡程度。

正如我在本书中所说的，在实现这种优化和平衡的能力方面我们当前的组织范式已经过时。我们通过当前范式，只能看到与"活动能量场"相关的能量。这时当组织出现了问题时，解决思路也往往只在"活动能量场"中做文章。

尽管"活动能量"和为影响它而进行的调整，是任何解决方案的重要组成部分，但我们必须利用其他两个能量场来取得更好的成果，将我们看事物的透镜变得更大，从而视野更广。为了获得更有效的解决方案，我们必须考虑到"关系能量场"和"背景能量场"这两个维度，看到它们的能量如何影响我们当前面临的问题，以及如何提供更为周全和有效的解决方案。

让我们来看一看在每个能量领域下，这四个关键业务模块（领导力、人员、流程和客户）分别对应的关键成功要素，以此来更深入地理解"有机组织"中的这四个模块。

10.4 活动能量场中的四大模块

图 10-3 展示了活动能量场中每个模块的活动特性。在"领导力"模块，领导能量定义了传统的管理角色。这包括设定目标和方向，完成计划所需的工作及协调如何进行工作的功能。它还具有管控工作的功能，包括设定何为成功及相关的度量标准，并指导组织中人员的行为。这个功能可以确保进行中的工作都是准确无误的。

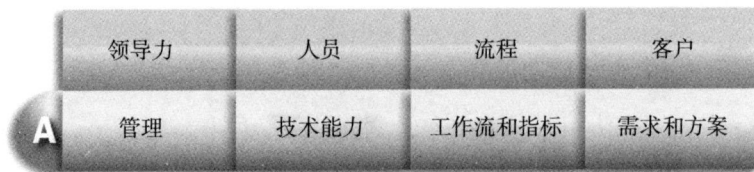

图 10-3　四大模块的"活动"特性

活动能量是组织内人员的实际努力。在这里，所有势能都转化为动能，人员的贡献能得以体现。为了有效地将势能转换为动能并最大限度地发挥所有人的作用，发展和提高人的操作性和技术性的技能很重要，无论是个人，还是集体组织。因为这决定了能量转换为产出成果所需工作任务的效率高低。

流程是我们定义能量在系统中如何流动的方式。在这里，我们确定了需要完成的任务及完成任务的顺序。每个流程的目标是使能量流尽可能地减少摩擦力，从而在能量沿着其路径转化为产品和服务的过程中，损耗降至最低。在这里，我们可以确定并定义整个组织的基本业务模型，以及为组织内部流动的总能量提供相应反馈的指标，从而可以监督和改进流程。多年来，我们花费了大量时间开发了许多方法和工具来简化业务流程。业务流程重组、全面质量管理（TQM）、精益生产和六西格玛（Six Sigma）等，都是其中的一些工具。

客户模块是公司与客户之间进行实际活动交换的地方，其结果决定了最终的成功与否。在这里，我们可以明确组织对所服务客户的了解程度并为之提供解决方案的能力强弱。这是组织决定要提供哪些产品和服务来服务特定人群的地方。这里可以衡量将价值转化为收入的目标是否可以成功地实现。

10.5 关系能量场中的四大模块

图 10-4 中的关系能量场为挑战和机遇增加了另一层复杂性。它的加入可以在发现需求与实现需求之间、收入与支出之间更好地建立平衡。

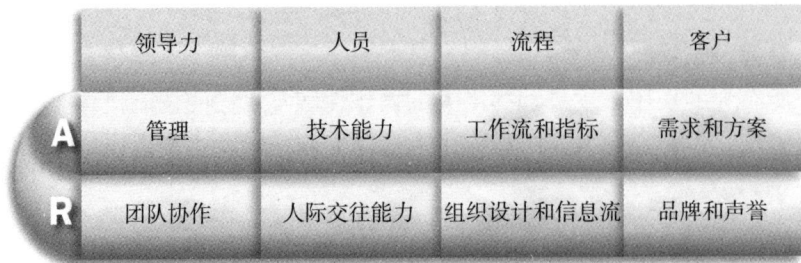

领导力	人员	流程	客户
管理	技术能力	工作流和指标	需求和方案
团队协作	人际交往能力	组织设计和信息流	品牌和声誉

图 10-4　四大模块的"关系"特性

在关系能量场，领导者的关键属性是建立合适的团队并促进个人和团体之间协作的能力。

在人员模块，我们关注人际交往技能和每个人的个体沟通能力。无论作为个体还是团队成员，能够与他人进行有效沟通、能够倾听和共情是人际交往技能和个体沟通能力的体现。要定义系统中的能量流，就必须考虑不同种类的能量之间的相互作用。我们不仅需要关注不同功能各自需要的能量流，如销售、市场和运营等，还要关注不同单元之间及其周围的能量流动方式。对于"流程"模块中的"关系"，我们要关注组织是如何为了促进各运营单元之间的有效沟通和信息交换而设计的。

与外界相关的"关系能量场"则集中于品牌、声誉，与客户、供应商及公司其他所有组成部分的关系。它甚至包括我们与竞争对手的关系，因为这种关系对于我们的成功与否也起着关键作用。

10.6　背景能量场中的四大模块

"背景能量场"是所有这一切的基础，如图 10-5 所示。它塑造并指导了其他两个能量场中所发生的事情。它定义了在其他两个能量场里，有哪些可能与不可能。学习如何处理背景能量场相关的问题极为重要，因为它对其他能量场起到了支撑的作用。

	领导力	人员	流程	客户
A	管理	技术能力	工作流和指标	需求和方案
R	团队协作	人际交往能力	组织设计和信息流	品牌和声誉
C	激励和鼓励	内省能力	文化、标准和规定	市场动态

图 10-5　四大模块的"背景"特性

为了激发"背景能量场"的能量，领导者需要鼓舞和激励员工。

这不是哄骗或操纵，而是一种深入他人内心、参与到对他人有意义的事情之中的能力。这种能力，能够提高人们对一个组织的热情，提高忠诚度和参与度，从而为"有机组织"提供特别的能量。当人们将对自己有意义的事物与对组织有意义的事物相连接时，一种更深层次的连接感就会出现。他们的个人背景能量场将和组织背景能量场的能量流同频，并被更多地激发。

领导者通过讲故事的方式来激发这种连接，组织为何存在、组织的存在给世界带来了什么改变、在组织中什么是最重要的等，是这些故事共同划定了"背景能量场"的边界。通过听组织里大家传达的故事，就能知道这个组织的"背景能量场"的边界何在。

为了最大限度地发挥个人能力，贡献出最大的能量流，企业有必要激发人的内省能力、人际交往能力、职业能力。这会增强每个人对自身内部驱动力的理解程度，并激发和点燃他们的热情。如果每个人都能"为某个使命"而工作，而不仅仅是为了生存去工作，他们的能量贡献水平将大大提升。

这与图 10-6 中的马斯洛的需求层次结构相关。

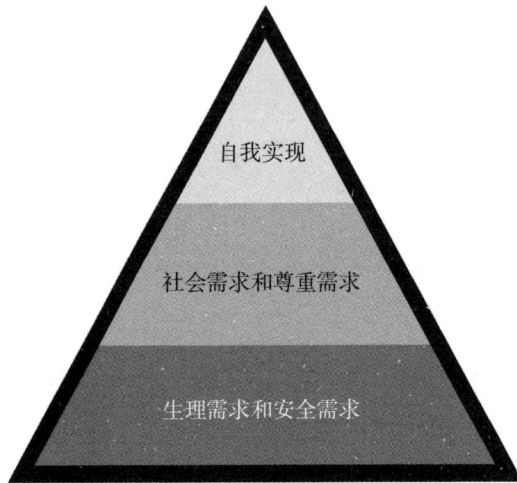

图 10-6 马斯洛的需求层次理论

马斯洛理论的第一级是生理需求和安全需求。这与"活动能量场"相关，是确保组织可以生产和交付其产品和服务、得到足够的资源，并知道自身能生存和维持等相关的工作。

马斯洛理论的第二级强调了社会需求和尊重需求，这是通过组织与客户、供应商乃至竞争者的"关系能量场"来体现的，它满足了组织了解其在社会秩序中的位置，以及建立社会联系感的需要。

"背景能量场"与马斯洛的自我实现需求有关。它代表组织为实现其"宗旨之魂"而必须去做的，也就是"生而要做"的事情。

在"背景能量场"中，我们将重点放在组织文化的构建上，即如何创造一种感召和吸引人们的文化。文化即"我们在这里做事的方式"，它反映了组织真实的、影响深远的价值观，这与我们在墙上挂着的那些价值观标语有很大的不同。这个能量场是"宗旨之魂"的能量发端的地方，"宗旨之魂"与组织的实体在这里相融，并为组织实体注入了生命。

客户社群和组织一样也是一个生命体，我们称这个生命体为"市场"。像所有有机体一样，"背景能量场"对市场产生着动态的影响，而市场的"宗旨之魂"推动着市场运动，决定了其趋势和方向。组织越能理解这些"背景能量场"中的动态作用力，就越能更好地感知市场的发展方向，从而先于竞争对手提供更好的解决方案。

第 11 章

拼出全图

以往的战略规划并不适用于当今快速发展的商业。"有机
组织"模型下的战略执行才是解药。

我们对未来唯一可知的是，未来将会有所不同。试图预测未来就像夜间在没有灯光的乡间小路开车时，还留意着后挡风玻璃一样。预测未来的最佳方法是创造未来。

——彼得·德鲁克

再一次，年度战略反思会开始了。第一年进入房间时，每个人都很兴奋，同时又带着怀疑的态度。我们已经开过几场这样的反思会了？起初，大家都认为这是个好主意。但五年过去，我认为我们已经有些疲倦了。这些反思会似乎都是一样的。往往从一系列团建活动开始，让所有人感觉到这是一个凝聚力强的团队，然后共享一堆数据，接着从中进行一系列讨论，以决定接下来的战略应该是什么。

好吧，那些团建活动很有趣，我们确实了解了更多与队友有关的信息。那些数据回顾的确提供了一些有用的洞察，而且人们也会提出一些好的建议，帮助我们获得最好的工作成果。这些会议中最好的部分，就是引导者记录下了会议结果，并确定了谁来负责，从而制定出了明确的计划。但是最后，所有的一切总是以相同的方式结束。我们回到日常工作，在第一季度就几乎忘记了战略反思会上的计划，直到一年后我们再次聚在一起，然后开始计划下一年的战略。接着，很快意识到自上次战略反思会以来，我们几乎没有完成过当时制定的任务。

上面这段小插曲道出了我们与客户们的共同体会，无论公司大小、无论具体行业。实际上，研究表明很多规划出的战略从未得到实施。战略规划就像人们的新年心愿——想法很棒，执行很差。

这里的问题在于，公司将大部分精力放在定义正确的战略上，而对如何执行该战略的关注却很少。公司凭借其独特的优势决定哪一种策略将提供最大的竞争优势。它们收集了大量有关市场的信息，讨论竞争情况和客户需求。然后，它们决定选择哪一种市场定位和什么样的品牌。它们研究客户的心声，以了解客户的需求及最能满足需求的产品。它们利用诸如 SWOT 分析、情景规划和德尔菲分析之类的战略决策模型来预测未来，使用诸如蓝海战略、波特五力分析、环境扫描和兵棋推演之类的工具来确定战略。

所有这些方法都遗漏了"如何去执行战略"的部分。的确，对战略方向的确定至关重要，如果能执行下去，就能成为所在行业的领头者。但显而易见的是，一个普通的计划如果执行得好，就会比无法彻底执行的优秀计划更加有效。我们一遍又一遍地看到，那些出色的计划执行得非常糟糕。实际上，只有 10% 的公司知道如何执行计划，另外的 90% 的公司并不能按既定目标执行。

11.1 战略执行，而不是战略规划

我曾经听过战略领域的两大巨头，大卫·诺顿（David Norton）与勒妮·莫博涅（Renee Mauborgne）的一段对话。大卫与罗伯特·卡普兰（Robert Kaplan）合著了世界闻名的《平衡计分卡》一书；勒妮则与金伟灿（W. Chan Kim）合著了畅销书《蓝海战略》。勒妮问大卫为什么《平衡计分卡》如此受欢迎，这使大卫感到很惊讶。

大卫回答："勒妮，你的书卖得比我们多得多，你怎么会问我这个问题呢？"

"是的。但是无论我们走到哪里，平衡计分卡仍然是使用最广泛的战略工具。"

大卫沉思了一下，然后回答："勒妮，那是因为你们的战略制定工具研

究的是一个红海领域，而我们的战略执行工具研究的是一个蓝海领域。"[1]

"战略"通常被当作名词使用。大家经常说："我们有一个战略，这是我们的战略，这是我们的规划。"但战略实际上是动词，是将组织转变为新的存在方式的一系列行动。战略就是执行：战略是过程，将设定的举措——执行，使你最终获得理想的结果。就像一个人的成长历程一样，组织的成长和发展取决于我们在本书前面介绍的"贡献 – 学习"回路[2]。执行是组织成长的代名词，它是采取行动的过程，旨在帮助组织成长和发展，以便在其定义的范围内更好地为客户提供服务。它要求组织在整体上得到发展，最大化地促进三个能量场的流动：活动能量场、关系能量场和背景能量场。

执行管理是对一系列组织行动的过程管理，从而发挥组织整体运作的能力，并获得组织期望的结果。与许多其他过程管理（如项目管理、新产品开发和质量管理）一样，执行管理也需要通过系统的方法论进行。如果组织里没有系统的理论体系，我们就只能依赖一两个领导者独特的能力，一种随着时间的推移发展出的依靠某种直觉来指导组织执行过程的能力。这就像人们刚刚开始学习项目管理之时，或者在项目管理推行的早期，一个成功的项目需要依赖某些高超的"工匠"技能，质量能否得到保证完全是碰运气的事情。

规范性的管理流程和必备的管理技能，这两者都是非常重要的。它们将确保组织能够系统地提高质量，并确保项目按时、在预算内完成。创建一个"专注于执行"的组织同样如此。

---

① 这句话巧妙地讽刺了人人趋之若鹜地热衷于战略的制定（大家同质化地做同一样东西被称为"红海"现象），而没多少人真正关注战略的执行（较少的人开拓未知的领域被称为"蓝海"现象）。——译者注

② 参见第 4 章中"人：组织所有能量之源"这一小节。——译者注

许多研究表明，具有正式的战略执行流程的组织，相比那些没有类似流程的组织，表现要优异得多。在 IDC 市场研究公司的一项研究中指出，在所在行业中被评为"最具有竞争力"的所有公司中，75% 都配备了战略执行流程，而在绩效不如它们的公司之中，只有 43% 具备这样的流程。在平衡计分卡协作研究公司所做的一项类似研究中，那些表现优于竞争对手的公司中有 70% 的公司创建了体系化的执行流程。

11.2 战略执行 3.0

战略是如何成为及为何成为我们管理流程的一部分？战略这个词可以被追溯到古代的军事时期。

孙武的《孙子兵法》可追溯到公元前 600 年至公元前 500 年间。这本书至今仍然被许多人视为军事领导人和企业领导人的必读书。可直到 20 世纪初，战略才成为领导角色的正式组成部分。

第一个正式的企业战略规划是 20 世纪 20 年代初引入的哈佛模式，其主要目的是帮助公司达到自身与环境之间的最佳契合状态，并制定最佳发展战略。这种模式的主要工具之一就是众所周知的 SWOT 分析。这可以被认为是第一代的"执行管理"。

第二代"执行管理"在 20 世纪 70 年代左右进入人们的视野。与此同时，让所有人参与并在组织中更好协作也被认可并成为一种潮流。20 世纪 50 年代后期，在石川馨教授（Kaoru Ishikawa）[①] 研究成果之上出现的战

---

① 石川馨，QCC 之父，日本式质量管理的集大成者，是 20 世纪 60 年代初期日本"质量圈"运动的最著名的倡导者。——译者注

略管理方法论，包括政策展开（Policy Deployment）或方针规划（Hoshin Planning），它旨在利用所有员工的集体思考能力，使组织成为其领域中的典范。方针规划强调了整个组织中将"联级目标"（cascading goals）贯穿始终的重要性，从而在战略规划过程中确认重点、共同参与并明确责任。

在图 11-1 中，我们看到了 19 世纪七八十年代的质量运动（The Quality Movement）对战略管理方法论的第二个贡献。管理层将 PDCA 循环（戴明环）用于管理战略实施的决策过程。

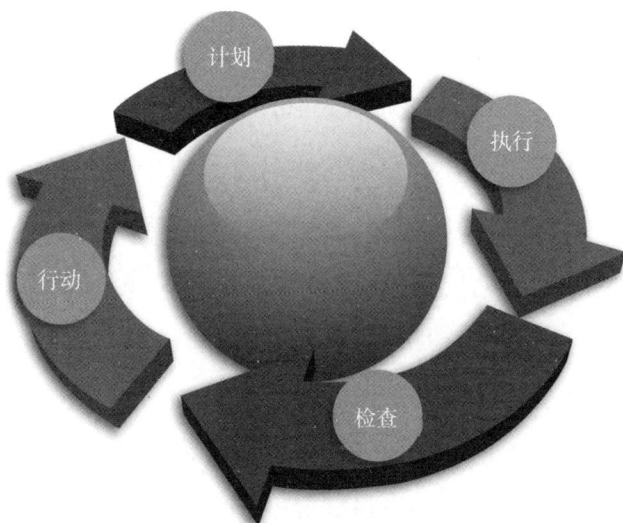

图 11-1　PDCA 循环（戴明环）中质量管理的四个阶段

我认为诺顿和卡普兰在"平衡计分卡"中的突破是第二代执行管理的巅峰。

1993 年初，在平衡计分卡问世后不久，我就开始了一系列与之相关的工作。因为我坚信组织是一个整体的系统，"所量即所得"，这似乎是很合适的选择。

但是，当真正开始使用时，我感到这套体系并没有对组织起到支持作用，使之更好地掌握执行能力。尽管平衡计分卡是一个重大的管理突破，但它的缺点也很快尽显无疑。

我发现平衡计分卡仍然根植于"活动能量场"，追求"因果立显"，是传统的"左脑"式思考。它着重于组织具体"要做的事"，以及"如何去做这些事"，不涉及能够改进"关系能量场"或"背景能量场"的度量值，这套方法论也没有考虑这三个能量场之间的互赖关系。

如牛顿所说"我能看得远，是因为我站在了巨人的肩膀上"，我之所以能提出"有机组织模型""ARC框架"和"实时执行系统"（RTE-S）等重要概念[1]，也是基于之前已有的理论。那些熟悉平衡计分卡的人，一定已经注意到了有机组织模型中有些似曾相识的东西。

我们保留了企业管理中涉及的四项主要活动——财务、客户、流程和人，然后扩展了知识体系，将组织视为一个在"活动""关系"和"背景"三个能量场中不断促进能量流转的有机体。这样一来，对于业绩被创造出来的过程，我们便更能有所作为了。

例如，在平衡积分卡模型中，"学习与成长"维度将人力资本、信息资本和组织资本纳入其中；而在"有机组织"模型中，这几个元素都有自己各自的位置，这样就便于公司分别进行适当的评估，对改善方案也能进行适当的定义和有效的管理。

如今的管理方式，大多基于以下三大思想流派之一来建立自己的决策框架。

（1）质量管理。一种基于质量的管理方法，鼓励所有组织成员的参与，旨在通过提升客户满意度及实现组织成员和社会的利益获得长期

---

① "ARC框架"就是指作者的"活动能量场-关系能量场-背景能量场"的理论框架，这三个能量场英文说法的第一个字母合起来就是"ARC"。——译者注

成功。

（2）股东价值管理。相同风险下，股东通过组织运营所得到的投资收益，比投资其他资产赚取了更高回报。

（3）绩效管理。一种将组织的战略转化为一系列目标和措施的管理框架，并通过计划和控制流程，使组织与其战略方向保持一致。（平衡计分卡属于此类别。）

就像在平衡计分卡中首次引入的四类活动，这些活动之间是互赖的关系，没有孰先孰后。上述这些决策框架其实也是互赖关系。认为一个组织的成功取决于采用其中某个特定的决策框架，这是错误的想法。质量管理、股东价值管理、绩效管理，这三个主题对于组织的成功是同样重要的。如果选择一个而忽略其他两个，组织自然会将精力全部集中于如何使该主题最大化，从而有可能忽视了其他两个主题，这就会带来巨大的风险。就像医生只专注于运动而忽略饮食或生活方式的选择一样。从长远来看，如果无法将这三者作为一个整体系统的互赖分支进行妥善管理，那么组织只能取得局部最优。

"有机组织"模型将这些观点整合为一个模型。通过将所有结果视为能量转换的过程，我们平衡并整合了所有活动，从而最大化地推动能量的流动。我们自发地尽可能优化产品和服务的质量，尽量让客户体验和员工感受更好，最大化地增加股东价值，持续改善我们与环境间的关系，从而更好地使用资源。如果要获得最好的成果，任何要素都不能失去平衡。

这个模型的改进之处还体现在考虑了"活动""关系""背景"三个能量场的作用。正如上一章中讨论的，"ARC 框架"提供了一种方法，来识别哪些力量能够促进成功、哪些力量会造成阻碍。我们回到第 1 章中讨论

的力场分析[①]，可以在图11-2中看到，确认组织在每个象限中的优势和劣势
对我们有所助益。

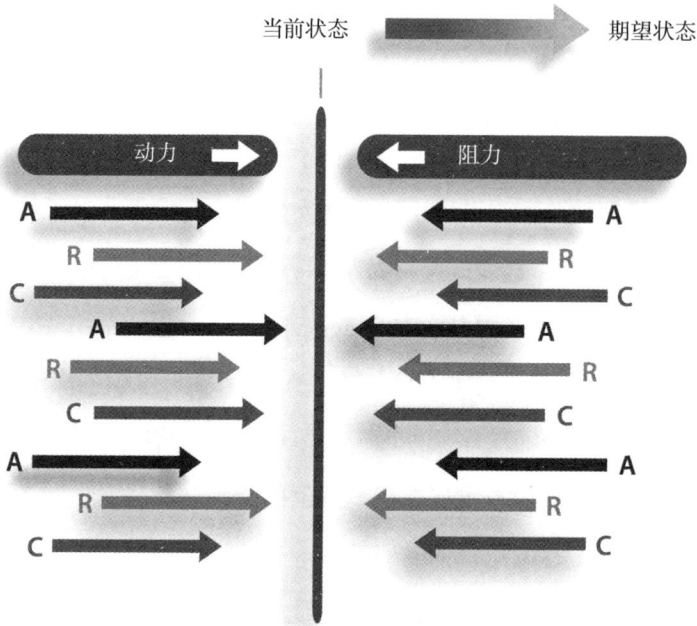

图 11-2 不同象限中作用力的优劣势

无论是否使用力场做正式的分析，你都始终希望最大限度地提高驱动
力的同时最小化或消除制约因素。这是确定战略计划的基础。但是如果你
没有意识到某些作用力，该怎么办？这是否意味着这些力没有在发挥作用？

当然不是。这仅仅意味着，你无法采取任何明确的措施来利用这些
力，或使它们的负面影响最小化。常常出现的结果是，花了时间和金钱来
实施计划（通常都是与"活动能量场"有关的），但是因为有看不见的作
用力阻碍了进程，最终浪费了资源，错过了时限。

---

① 参见本书第1章中的"商业的作用力"小节。——译者注

11.3 新商业的要求

本章开篇描述的是经典的传统战略规划会议。当前这种战略制定方式，讨论"组织往哪里去，以及如何抵达目的地"、无处不在的"战略规划场外会议"[①]，再也发挥不了什么作用了。

为什么会这样？我们身处的世界瞬息万变，我们制定计划之时的环境与计划实施之时的环境完全不一样。这个世界曾经相当稳定过，那个战略规划做法出现的时代，与如今我们的世界已大相径庭。表 11-1 对这些变化进行了总结和说明。

表 11-1　20 世纪初与 21 世纪的社会环境对比

	20 世纪初	21 世纪
地理覆盖	本地社区（最多到全国）	全球范围
变化速度	变化相对慢（有时一辈子都不变）	变化快
产品生命周期	以年甚至 10 年计	通常以月计
因果关系程度	大多数有直接的因果关系（科学管理主导）	事件似乎凭空出现、随机产生的感觉
员工的教育程度和技能水平	员工大多技能不高	员工大多受过教育
雇用关系	社会契约	意义和宗旨
可预测性	管理者可以很确信地做计划和预测	很难确定地做计划和预测
竞争格局	行业内的竞争（边界很明确）	行业边界是流动的竞争来自任何地方
沟通速度	慢	几乎是即时的
复杂程度	低到中等	极其高

[①] 所谓场外（off-site）是指开这样的战略规划会议时，大部分的做法是选择一个风景宜人或是有别于平时环境的地点，寄愿于让与会者能跳脱日常事务来进行"战略思考"。——译者注

显然，我们在一个复杂程度不断提高的世界中拓展事业，并不断接触新的人和事物。市场范围更广了，客户也更加精明，要求更严苛。

变化速度越来越快，沟通频率不断提升，竞争者很可能出自最意想不到的角落。

谁能想到苹果公司会成为唱片业的竞争对手，并带来巨大的威胁？

在 20 世纪的大部分时间里，标准做法是设定一个战略周期（见图 11-3），通常是 3 ~ 5 年，然后确定在该时间段内的预期成果。传统思想认为，只要设定了战略周期，并制定了战略计划，然后坚持下去，专注于执行，那么一切水到渠成。3 ~ 5 年之后，再做新一轮的规划。

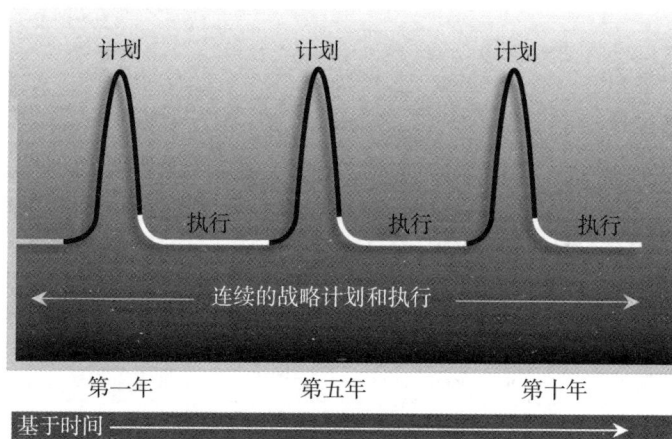

图 11-3　20 世纪初的战略制定循环

这种方法在 20 世纪上半叶行之有效，无论是战略起点还是战略终点，两者所处的环境稳定不变。相对稳定的环境给人以可预测的幻觉，以为我们有能力控制自己的命运，可以决定自己想要什么，以及如何获得它。只要了解过去是如何成功的，就可以知道如何创建同样成功的未来，我们几乎可以计划一切，然后据此执行就行。

如表 11-1 所示，这种情况在 20 世纪下半叶已不复存在。21 世纪的前十年非常清楚地表明，任何所谓基于时间的战略规划都不再可行，我们不能再依靠这种"可预测性"，以及由此衍生出来的所谓"控制"来取得成功。

取而代之的是，我们需要一种新方法，可以在环境变化时，让组织与环境即时互动；当环境改变时，组织可以自然而然地做出回应。我们必须学习如何进行"感知与回应"，取代"预测与控制"。

这就是所有生物生存和繁衍的方式，有机组织模型恰恰就反映了这种生物天然的运作方式。

图 11-4 展示了如何从基于时间的战略规划法，转向更为流畅、响应性更强的实时互动法，让计划和执行交互并进。

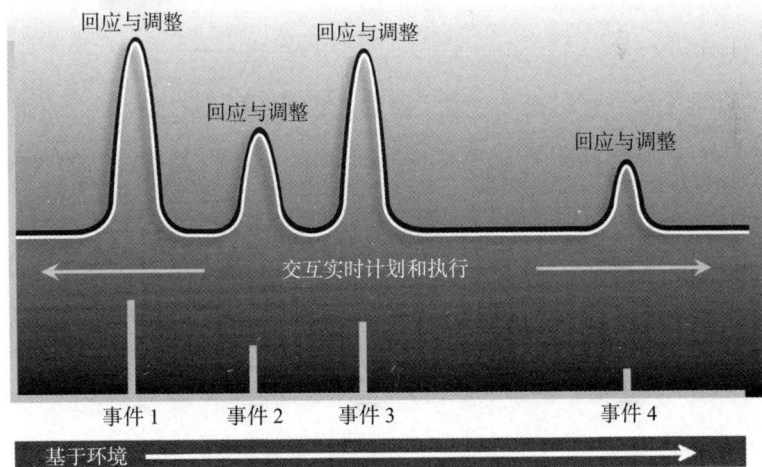

图 11-4　基于环境的战略规划方法

11.4 战略指南针

尽管我认为战略规划"已死"，但制定战略方向的流程"不会死"，所有战略规划的关键目标是确定组织将要前进的方向。如果无法清楚地理解我们的发展方向，那么无论哪条道路都将通往虚无。

在当今世界，不可能存在一张告知人们如何到达理想目的地的清晰地图。一般而言，地图制作者需要对将要导航的那片土地有相当确定的了解，才能让地图发挥作用。然而，随着世界变化越来越复杂，变动频率越来越高，没有任何一个人、哪怕整个执行团队，能有这种先见之明。

唯一可行的解决方案是为我们的生命体系统中的每个细胞（组织中的每个人员）提供一套清晰的指导方针，以便每个个体时刻都能做出决策，我们把这样的指导方针称为"战略指南针"（Strategic Compass），其中包含"宗旨之魂""未来愿景""核心价值观"三个组件，起到设置"背景能量场"的作用。

我们往往会一直讨论与使命／愿景／价值观相关的内容，希望以此深深吸引、激发和激励所有员工。明确的使命／愿景／价值观，像磁铁一样吸引人们迈向未来。但是，当前为实现这一目标所做的大多数努力，都远远没能达到这个目的，主要原因是大多数公司是从"活动能量场"的视角来制定"使命／愿景／价值观"的。

以下是一些使命、愿景的示例。

"我们为计算机代工市场提供技术创新下软件和硬件的解决方案，为我们的客户和我们的投资者带来长期利益。"

"为了成为第一大农产品商店，我们出售质量最好、最新鲜的农产品。在 75% 的覆盖区域内，产品要在 24 小时之内完成从农场到客户的配送，客户满意度要达到 98%。"

"成为会计软件的最佳开发者，并在五年内完成收入增长 2.55 亿美元的目标。"

这样的陈述会让你感到充满能量吗？这些文字陈述是否会吸引你，让你对组织的宗旨和使命产生浓厚的热情？我的猜测是，对于大多数人来说，答案是否定的。诸如此类的宣言永远无法做到这一点。原因很简单，这些话题说的是人们在"活动"上的内容，是关于"活动能量场"的能量，其的确会聚集一些能量，但只有"背景能量场"才会产生吸引力，才会让人能量满满。"活动"是无法鼓舞人的，人的激励需要和我们为何做某事的深层意义相连接才有可能实现。

某些公司挖掘了真正具有能量的使命 / 愿景 / 价值观，它们清楚地知道，自己要实现什么愿景。它们的愿景是一个活生生的画面，充分呈现了它们的宗旨之魂，那就是它们心目中想要生存的世界。核心价值观用来真正地指导人们的行为，其不只是挂在墙上的一个牌匾，而是深植于整个公司实体之中的，这是组织灵魂深处的"乐曲"。

11.5 战略指南针之一：宗旨之魂

弄清组织"宗旨之魂"的过程，不是简单地定义一下我们在做什么和为谁服务，它与组织形成的本质息息相关。这在创业阶段要容易一些，如果一个组织已经存在了十年、二十年、四十年或一百年，那么它很容易一叶障目，不知道到底为什么而存在。

我们帮助组织寻找其"宗旨之魂"时，会用到这样一个工具：向它们提出一个"生活多美好"的问题。在美国，有一部常在圣诞节期间播放的经典电影，由詹姆斯·史都华[①]（James Stewart）主演。主人公觉得自己的一生一无是处，毫无意义。然后有一个天使出现了，让他看到这个世界如果没有他会怎样。最后，他发现自己的生活是有意义和目的的，他的存在也为这个世界带来了独特的价值。

像人一样，所有组织都有其独特的存在意义和价值。这个问题有助于发现组织存在的意义和宗旨："如果我们这个组织不复存在，世界将会有什么损失？"答案将在一系列的故事中浮现，你可以从中捕获组织真意。但千万不要造出一个"使命宣言"，不要把"宗旨之魂""矮化"成一个挂在自家门面上的牌匾，而是要去捕捉和交流一系列故事中的丰富信息，正是这些故事传达了组织为何而在。

"背景能量场"是一个高能量的场域，通过我们所讲的故事就能感受到它的形态。组织的"宗旨之魂"将在你和组织内其他人所讲的故事中一一浮现，因为这些故事讲述了我们是如何为客户做出贡献的，以及其如何感动了人们。下面列举一些示例。

一家为F-14战斗机开发飞行控制系统的公司正在召开全员会议。忽然，一名身着全套飞行服的海军飞行员走进来，他刚刚从伊拉克回来。这位飞行员分享了一个故事，当他在伊拉克北部上空执行任务时，飞机被击中。正是因为这家飞行控制系统开发公司里每个员工所做的工作，他今天才有机会站在所有员工的面前。如果不是因为该公司飞行控制系统的完美工作，他将永远不会安全地回到战舰上。正是由于这家公司里每一个员工每一天的工作，他才能活到今天。

---

① 詹姆斯·史都华，美国男影视演员，著名电影《费城故事》男主角，"吉米"是詹姆斯的别称，所以也称吉米·史都华；《生活多美好》（It's a Wonderful Life）是他出演的另一部电影的名字。——译者注

一家工程服务公司致力于对产品进行测试以确保其性能符合规范，能适用于航空航天公司、国防部、汽车工业和电信行业等。在准备向波音公司做业务陈述时，首席运营官才意识到自己的公司究竟支持了多少家波音系列飞机的供应商。事实上，波音 787 梦想客机所使用的产品中，有 80% 是通过他们的实验室来测试的。于是，当他走访自己的所有工厂，向员工们分享战略方向时，他分享了这个故事。他补充说："当我们的家人和朋友乘坐波音 787 梦想客机时，正是由于你们每个人每天的工作，他们才能安全回家。"

我有一个曾经在爱德华生命科学公司（Edwards Lifesciences）工作的朋友，向我分享了一个故事。爱德华出售一种医疗设备——心脏支架，其在心肌梗死时可以及时保证血液畅通。为了让组织里的每一个人都知道组织存在的真正意义，CEO 会定期地邀请一个装有心脏支架的病人来到工厂。在这位曾经的心脏病患者参观工厂时，CEO 会将他介绍给在场的各个部门的员工，然后他向每个人说："你们所做的工作挽救了这个人的生命。永远不要认为，你所做的事不重要或者你不会有所作为。"

这些示例只是数以千计类似例子的缩影，每个组织存在的意义不仅仅是赚钱、增加市场份额或成为各自领域中的佼佼者。每个组织所做的也不仅仅是向客户出售产品或服务，组织有自己的宗旨之魂，它让世界有所不同。那么，你的公司的宗旨之魂是什么？

许多人把使命与宗旨混为一谈，也许我有点吹毛求疵，但我认为将"宗旨之魂"与组织的使命区分开是很重要的。"宗旨之魂"是组织存在的核心原因，它定义了组织所做的独特贡献，它为组织的故事提供了基石，有了宗旨人们才得以书写组织的存在意义及为何而存在的故事。

我们可以通过许多不同的方式来实现特定的宗旨。例如，我感知我的宗旨可能是绿化地球，由此可以选择许多不同途径来实现：我可以致力于地球上雨林的重造；也可以专注于建造城市绿地和公园；还可以选择专注于培植领域，帮人自建花园。所有这些，都是绿化地球这个"宗旨之魂"下各种不同的实现形式。

每家公司不仅有特定的"宗旨之魂"，还会通过完成某个特定的使命来实现这个宗旨。"宗旨之魂"是我们所做事情的缘由，而"使命"是我们实现宗旨的方式。

11.6 战略指南针之二：未来愿景

一旦清楚地知道了你的组织为什么存在，以及它将为世界做出什么贡献，你就可以提出未来愿景的问题了："如果我们完全地按照宗旨之魂而行，那么在接下来的三年、五年或者十年的时间里，这个世界将会变得怎样？"这个问题完全不同于我们在一般企业大厅里看到的那些愿景宣言："我们的愿景是成为行业内最好、最大的公司……"

未来愿景是故事，是大家一起基于想要共同实现它而想象、渴望和构造出来的故事。还记得吗，一切皆能量，桌子是能量、椅子是能量、你的计算机也是能量。

树是能量、你是能量、你的公司也是能量。以生命体形式存在的能量和其他形式的能量之间的区别在于，生命体能够将能量进行转化，而这就是"创造"。把公司视为"有机组织"和把公司视为生产机器，两者之间的区别在于：机器不会创造，机器只能生产。

当组织创建了一个伟大的"宗旨之魂"时，组织和个体都会感受到一股顺畅的能量流，仿佛毫不费力就能创造出神奇的业绩。

"未来愿景"就是宗旨之魂的大幕徐徐拉起后上演的故事。定义未来愿景时，要考虑到整个公司实体。你可以这么问："当我们的宗旨之魂完全得以实现的时候，客户会有什么体验，员工会有什么体验，我们领导团队的本质应该是什么，我们将如何运作，以及可衡量的结果是什么？"也就是说，要在"活动""关系"和"背景"三个能量场中定义清楚有机组织的各个模块：领导力、人、流程、客户。

11.7　战略指南针之三：核心价值观

核心价值观是我们根植于深处的不可侵犯的信念。尽管行为可能并不总与价值观保持一致（毕竟，组织是人构成的），但组织要致力于最大化地依此而行。建立"向往的核心价值观"很重要，尽管这可能与你现实中展现出的情况有所不同。如同个人的发展和成长一样，组织必须将目光投向它渴望成为的那个样子，努力弥合组织"应然与实然"之间的鸿沟，只有这样才可以推动能量转换的过程。

由于向往的核心价值观与现实中展现出的核心价值观之间始终存在差距，因此，真正的问题不在于为什么这家公司展现出来的核心价值观与其宣称的不一致，而是在于当它发现这种知行不一时会做些什么。是默认了这样的情况，还是迅速采取改善行动、重新取得共识？只有实事求是地观察现实中的行为，并将其作为反映了自己真实存在状态的镜子，才能创造契机，让组织走上发展的新征程。

和人一样，组织也可以有意识。它会定义它所要坚守的东西，努力使自己意识到，什么时候在按照其信念和核心价值观生活，什么时候没能按照自己的意愿生活。就像人随着自己的成长就能有意识地发现，自己身上无意识的一些东西会驱使自己做出与核心价值观相悖的行为一样，组织也会从这样一个无意识的状态变得有意识。

这样的组织明白自己为什么存在、要做什么贡献。它知道其存在的意义，如何服务他人。它因服务于所有让它得以存在的方方面面而存在，它明白自己确立了怎样的价值观，并与环境创造性地合作，共造一个与组织更深层意义相符的未来。一个有意识的组织，知道什么时候自己没有在知行合一地运作，并会利用这些机会迅速调整自己，它将之视为持续学习和整合其宗旨的机会。

以有意识的状态活着，与创造业绩是不相违背的。领导力要发挥的作用，就是使自己和组织在实现目标的道路上，与更深层的宗旨和核心价值观保持一致。这条路正是通往神奇业绩之路，是本书想要为大家带来的东西。其中的关键是，要使组织这个创造业绩的系统包含所有影响成功的作用力，并让每个作用力都能够发挥最大效能。

11.8 步调一致是关键

定方向是第一步。如果没有指南针，企业将茫然无措，不能发现机会、创造机会。一旦知道要去的方向，那么我们就必须让每个人都朝着这个方向前进。整个组织必须保持一致，以便每个人在同一战略方向上拥有相同的视野。

为了更好地理解同步的力量，我们继续采用类比的方式，将组织的运作方式与人体相比。我们知道，人体对环境的行为反应中有超过 90% 是半自主发生的——当从环境中接收到成千上万个同时输入的信息时，神经系统决定了如何立即做出反应。大脑（我们身体的中央决策中心）对我们的身体大部分时间的反应几乎没有话语权。

当组织的许多行为变得无意识地自主进行时，很大程度上来讲是件好事，说明行动本身已被并入组织的半自主神经系统（semi-automatic nervous system）[①]中。想象一下，如果所有决定都必须先通过大脑思考来决定，然后再采取行动，生活将会是什么样的。每天有成千上万种选择是由我们身体的各个功能模块自发决策和协同行动而成的，这是有史以来最协调、最协作的工作团队了。

这很像学习骑自行车。最终我们极其熟练，大多数骑行动作和保持平衡的规则已成为无意识、半自主的神经系统的一部分。这就是组织可以高效运作的原因，可这也是改变这些让我们如此运作的基本规则如此之难的原因，同时也是我们要让它再次进入意识层的原因。

我们所谓的变革阻力，实际上只是能量依照某种模式流动的一种惯性。组织之所以会表现出非常抗拒变化，是因为我们往往只关注表面，却忽视了冰山之下的这些能量形态。

想一想当你以约 100km/h 的速度在高速公路上行驶时会发生什么，有多少有意识的注意力能够集中在驾驶上？有多大程度上是你的大脑在协调脚的活动（譬如脚踩踏板）或去控制掌握着方向盘的手臂？想象一下，当你的眼睛扫描你周围的环境时，大脑中的处理器会接收大量数据点，所有这些都在同步进行着，而我们的意识却集中在除了驾驶之外的其他事物

---

① 半自主神经系统是 20 世纪后期由美国生物学家迈克尔·格肖恩的著作《第二大脑》提出的肠脑所有的神经系统属性。其可能拥有和骨髓一样多的神经元。——编者注

上。这种情况下我们能到达目的地就已经很神奇了，更何况我们还能安全地抵达。

在传统的战略执行方法中，CEO和高管团队举行"战略规划场外会议"，一起评估优势、劣势、机会和威胁（经典的SWOT分析），为组织设定未来方向，并制定所有被认为可以实现预期结果的具体行动计划。等会议结束，他们回到办公室，将这些经过深思熟虑的计划传达给组织的其他部门，并通过"军事命令"来部署各个职能部门的工作。

这种做法非常依赖管理团队（组织的大脑），并迫使管理团队把主要精力放在大量的决策上。从战略规划开始，到无数的日常决策，管理团队仍然是主要的决策者。当环境迟缓不变时，这是可以接受的，但以如今的变化速度，这一套将不再起作用。就好像我们开车时，非要通过大脑来指导每一个动作。这时驾驶员就不得不降速，降到与初学驾驶的人一样的速度，才可以协调所有的操作。

如果组织能够像开车时人的身体一样，半自动地协同从而使我们到达目的地，那将如何？如果你的组织本身可以通过迅速而准确的半自主决策来应对快速发展的环境，从而确保最终获得成功，就像人把车安全开到目的地的过程一样，又将如何？

解决方案在于理解决策的本质，要知道决策都是在特定的背景情况下做出的。人在面临选择时，会根据一组既定的标准来评估各个选项。平时我们的决策速度很快，以至于我们不假思索地根据当下背景情况做出了选择。背景情况包含三个主要信息：第一个是我们是来干吗的（按照当下的我们所能把握的程度来回答），也就是我们要做出的独特贡献，即"宗旨之魂"；第二个是定义我们坚守的价值观，即我们如此坚信所以绝不可能违反的信念；第三个是对我们要去向何方的定义，这明确了"宗旨"会出现什么结果。有了这三个关键参数，做选择就能快速、容易和直接。

在当前的战略规划做法中，一个高效的"战略规划场外会议"将为组织确立一个强大而有力的"背景能量场"，充当高级管理团队前进的指南针。不幸的是，通常也只到此为止，组织几乎没有做任何将这个"背景能量场"融入整个组织中的事情。相反，高管通常只传达战略规划中的"做什么"和"怎么做"（此属"活动能量场"），而不传达"何种情况下做"和"为什么做"（此属"背景能量场"）。

由于没有"背景能量场"来帮助员工分辨和评估输入的信息，组织将永远无法自动决策，只能依靠高管人员在后面持续推动。回到驾驶的例子，当今大多数组织都像刚刚学驾驶的人一样，必须思考清楚自己的每一个举动才能做动作。还有更糟糕的情况是，组织中的每个人都基于各自不同的背景能量场来草草决策，并没有联动起来。无论以上哪种方式，都会降低组织的执行速度。

为了应对如今快速变化的商业环境，组织必须像人一样，以半自主的方式运作，这就需要采取不同的战略规划方法。为此，大多数战略要致力于建立一个强大的"背景能量场"，而不仅仅是传达信息："背景能量场"需要深深地融入整个组织的神经系统中。沟通的内容也不仅是战略规划的"做什么"和"怎么做"，还需要包括更深层次的、更有意义的"何种情况下做"和"为什么做"。

当每个个体（组织实体中的有机细胞）都与有助于正确决策的"背景能量场"融在一起时，组织就像人在驾车时身体的动作一样，将自动地做出适当并正确的决策。

11.9 歌名，词和曲

我们已经反复强调，"战略指南针"的要素已经不是以往那种简单的使命、愿景、价值观宣言，领导者必须将宗旨、使命、核心价值观和未来愿景这些要素提炼并简化成一段话，在组织内传递，从而将"宗旨之魂"深深地刻印在人们的脑海中。请记住，挂在墙上的文字无法让人产生任何激情，也无法凝聚人心、让大家步调一致，只有带有"背景能量"的故事才能做到这一点。想一想歌曲是如何影响人的，我们就能认识到如何拥有这一切。

单凭一个歌名无济于事，它无法建立我们与歌曲之间的情感联系。歌词虽比歌名的作用更大，但单凭歌词也没用。只有词和曲两相结合才能让我们对歌曲产生情感。这种情感是如此之深厚，以至于哪怕多年都没有再听，只要再次听到其中的几句我们都能立刻回忆起那种情感，甚至后面只要听到有人提到这首歌的歌名，我们都会带着满腔的情感在头脑中响起这首歌。

我们在组织中带着满腔情感讲述的故事就是将词和曲结合在一起。当我们的组织让这样的故事完全"活"起来时，歌名本身就能拥有和歌曲一样的感染力。这时那口口相传的、挂在办公室墙上的"宣言"才会带出这个"歌名"背后的那首歌，那首歌的词和曲。

第 12 章

战略执行

战略执行模型为组织提供了一个很好的管理系统。在具体的应用中，组织应考虑多方面因素，全面推进，持续成长。

我们从组织内部的工作经验中学到，卓越的战略执行需要系统，而不是组织内不同部分所完成的一系列不同的项目。

——罗伯特·卡普兰和大卫·诺顿 [①]

---

① 平衡计分卡的发明者。——译者注

所有的执行管理系统都有赖于三个基本要素：知道现在在哪里，明确要去哪里，决定一条到达那里的路径。当朝着理想目标前进时，需要追踪进展，如果有偏离目标的趋势，还需要做出调整。

12.1 实时执行

我们在实时执行系统（Real Time Execution System，RTE-S）里也采用同样的方法，这个系统是我们有机组织的绩效和执行管理流程，它遵循我们之前讨论过的 PDCA 循环。

图 12-1 中的实时执行系统包括六个步骤：定义、测评、决定、执行、评估、统合。和其他系统不一样的是，我们将定义放在中心位置，这样做出于两个原因：首先，它不仅仅是循环流程中的一个环节，它起到为所有决策确定方向和背景的作用；其次，它实质上是战略指南针，系统的所有其他部分依赖于作为决策和选择中心的指南针。同样地，统合也不仅仅是决策中的一个步骤，而更多的是决策的边界条件。

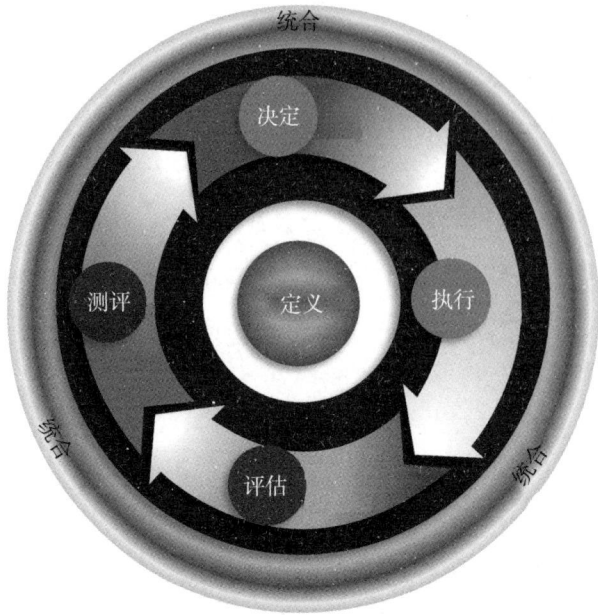

图 12-1　实时执行系统

12.2　优势之一：时间

在我们的理论中，我们包含了这个流程的关键要素——时间。商业美妙的一面是它和时间息息相关。当我们制定目标时，我们同时设定了完成目标的时限；当我们计算投资回报时，时间是等式中的一个关键因子；时间也是成长的一个重要因素，它启动了变革流程，带来了挑战，促进了个人成长。如果没有时间，就没有前进的动力。商业中、生命中的任何事都和时间息息相关。

图 12-2 按时间维度展示了执行系统的六个步骤，你可以看到模型框架结构由圆圈变成了波函数。从这个角度，我们可以进一步看到战略指南针

的重要性，首先它确定了组织努力的方向。战略指南针是中心矢量，能量围绕着它流动。宗旨之魂和未来愿景引导所有活动和能量转换，它好比是用来传输能量转换的波导，它为组织所有生命体的活动设定了边界。

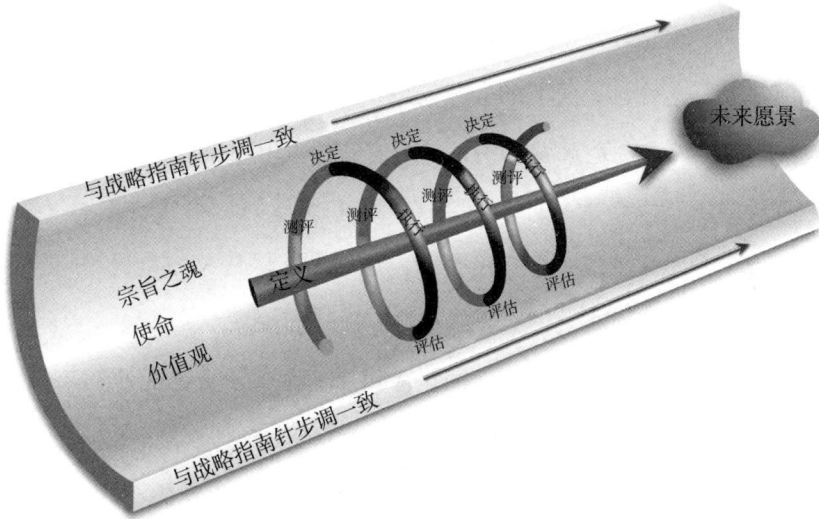

图 12-2　时间维度下的执行系统模型

从图中你还可以观察到，波的频率决定了执行的速度。"测评"步骤何时出现和组织准确评估其在环境中的位置的能力直接相关。"决定"步骤引导组织基于环境采取行动，测评越准确，则应对措施越有效。"执行"步骤是释放能量的行动，它把能量转换成预期的结果。和其他所有物理系统一样，其所能释放的能量的多少是系统中所储存的潜在能量的函数。振幅代表了势能的大小，势能是组织在将关系能量场和背景能量场的所有力量应用到执行环节的活动能量场的过程中产生的。最后，"评估"步骤为中间的调整打好基础，并触发下一个循环。

12.3 优势之二：设立行为边界

强大的战略指南针还有一个好处，它设定了行为边界，为统合组织奠定了基础。这种统合方式会为组织打开创造之门。

在传统的统合方式中，高层制定目标，然后自上而下层层分解到组织的其他部分。这种自上而下的方式告诉组织里的人们需要做什么，有时甚至包括如何做，这会造成副作用，制约个人和组织的创造力。

而通过建立战略指南针，使之深入人心并成为每个人背景的一部分，组织就为每个人营造了一个自由空间，让他们在保持关注执行的同时，可以最大限度地发挥创造力，从而应对他们面临的挑战。

我曾经参加过一个研讨会，演讲者讲了一个关于美国宪法的故事。他解释说，经过制宪会议的无数辩论之后得到的《权利法案》，即美国宪法前十条修正案，显得简洁而有力。其每条修正案的开头都是："国会不可以……"他那天的评论给我留下了深刻的印象，"因为它确定了我们不可以做什么的边界，除此之外都是可以的。"他接着告诉我们圣经十戒中的最后五戒也是这样开头的："你不可以……"

你能够很容易地把它和组织联系起来，相对于制定无数的流程告诉人们需要做什么、如何做，为什么我们不只是简单地告诉员工不可以逾越的边界，那样就会为他们留出很多的空间，来决定如何最好地完成本职工作。换句话说，边界很清楚的情况下，允许个体在边界之内选择任何他们认为能完成目标的最佳做法，如此一来就缔造了一个最有创造力的环境。

统合环绕着测评 – 决定 – 行动 – 评估这个活动循环，紧扣战略指南针。统合就是一个建立边界条件的过程，让人可以"在不逾矩的条件下随心所欲"。统合包括以下几个方面。

目标统合。目标是一些帮助我们了解进度及是否在正确的轨道上的指标。目标统合意味着每个业务单元、部门和个人的目标服务于组织的整体目标，这通过整合每个单位的目标、指标和指标值来达成。每个单位都知道自己的结果如何为整个组织做出贡献，从个人开始到团队，然后到部门，最终到整个组织。目标统合与活动能量场的统合相关。

系统统合。组织由很多系统构成，系统定义工作如何完成。这些系统通常是从组织生命周期的初级阶段演变而来的，可能会变得僵化。"之所以这样做，是因为一直以来都是这样的。"这句耳熟能详的话反映了某些组织的弊病，系统已经不再为组织提供支持，却反过来决定组织的行为。系统整合与关系能量场的统合直接相关。

文化统合。也许最重要但又经常被忽略的是统合组织的文化和战略。和系统一样，文化也是经过长时间演变的，继承了组织不同历史阶段一些好的和坏的东西。文化是背景能量场中的关键要素，正如我们下面会解释到的，所有的活动都受限于文化。文化统合与组织的背景能量场相关。

敬业度统合。组织的战略执行力与其集体敬业度直接相关，确定和强化敬业度对加快执行速度至关重要。得到员工认同的最好方式之一是给予员工选择的权利，有选择就有力量。当他们选择认同公司的战略指南针时，他们的敬业度会相应地提升，他们的投入度和激情也会随之增长，这就是敬业度统合与个体的背景能量场相关的原因。

12.4 优势之三：了解自己的位置

所有有机体都与其所处环境息息相关。它们知道自己的能力，也知道影响自己达成目标的所有环境因素。它们与环境和谐共处，从中汲取资源，并回赠于环境，以维持平衡。组织也不例外，那些了解自身能力及其在整个生态系统中位置的组织，和有机体一样能脱颖而出。这就是"实时执行系统"中"测评"阶段的目的。

采用ARC框架[①]能够帮助组织更全面地了解其所蕴藏的能力，这个框架在前面的章节描述过，参见图10-5；它也能帮助企业对其所处的环境及整个生态系统的趋势有更深层、更清晰的洞察力，它对战略执行1.0中的传统SWOT分析做了扩展[②]，针对影响成功的各种要素提供了一个更广阔的视角。

12.5 优势之四：确定下一步方案

现在组织已经掌握了关于环境、自身优缺点的信息，可以决定向既定目标前进的下一步行动方案了——为下一个执行周期确定路线图，以及采取最佳方案以跨越理想状态和现实状况之间的差距。"决定"这个步骤建立在战略主题、执行路线图、战略举措及相应的战略投资预算的基础之上。

规划执行路线图时，需要综合考虑之前描述过的活动能量场、关系能量场和背景能量场之间的关系。一个组织可以实施的"活动"限于关系能量场和背景能量场之内，需要有这两个能量场的支持。在此之外发生的

---

① ARC中A代表Action（活动）、R代表Relationship（关系）、C代表Context（背景），指本书所提"三大能量场"之间相互作用的关系，具体参见第6章的内容。——译者注

② 作者将"战略执行"的历代管理手段和管理工具总结为三代不同的做法，关于"战略执行1.0"的具体内容，参见第11章中"战略执行3.0"一节。——译者注

"活动"，除非将其他两个场域拓展到可以涵盖这个新的"活动"，否则花再多力气都是徒劳的。也正是这个关键点，让实时执行系统可以成为一个省时省钱的管理系统。

在确定各种举措及其执行顺序时，考虑各种能量场之间的互赖关系至关重要。回顾一下我们在第 9 章讨论过的活动能量场、关系能量场和背景能量场之间的关系。如果实现理想结果所需的某个变革活动位于背景能量场之外，你就需要清晰明确地重写组织的故事，开拓新的背景能量场边界，这一个行动需要在变革活动之前，或至少同时进行，组织需要为此划出资源，确保它成功完成。如果忽视了这一点——这在现实中是常事，组织就浪费了时间和金钱，努力推行了一个注定失败的变革"活动"。

"结果"是路线图、计分卡，引导和管理着整个执行过程。和任何普通的路线图一样，它提供了旅程的方向，以及路途中的关键驿站，确保组织一直在通往目的地的正确轨道上。图 12-3 的执行地图提供了一个框架，把实时执行系统的所有要素连接起来，为旅程提供了导航图。战略指南针确定方向，每个关键模块的目标为旅途提供了路标；执行计分卡将地图转换成了一系列具体的举措，并明晰了相应的责任人、指标、指标值及所需的投资，计分卡中的举措是执行初期最能够确定的路径，而评估和测评阶段则是确保这些举措能够随着环境的变化与时俱进。

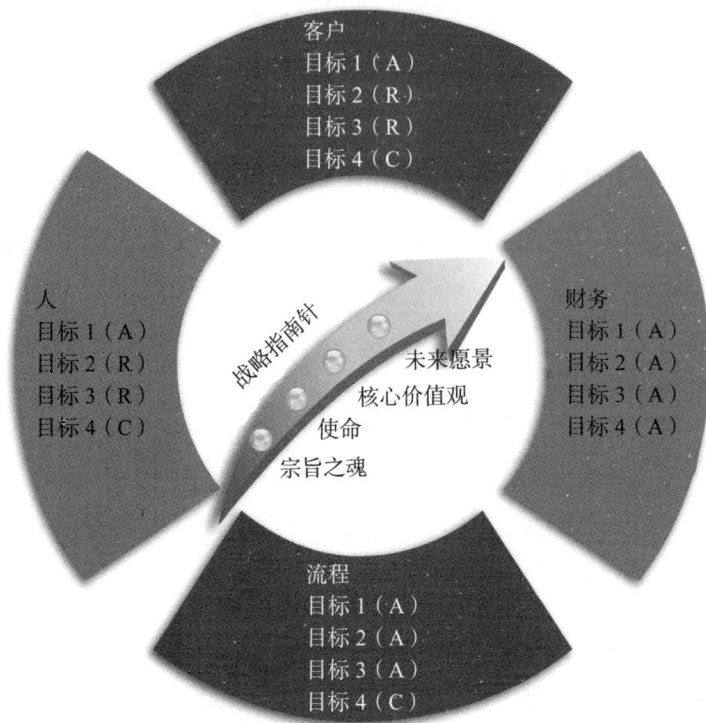

图 12-3　执行地图

12.6 战略：发展型举措

战略都是面向未来的，所以战略执行不仅仅是把事情搞定。从另一个角度看，战略是在为组织想要创造的未来运筹帷幄。换句话说，战略执行是一种发展型举措。

正如一个人的发展一样，我们必须关注组织的技能，这反映了它在活动能量场的执行能力。我们也容易认识到它和所有利益相关者——客户、供应商、员工、投资者等之间关系的重要性。相比之下，组织的"集体情商"的重要性不那么明显。

在个体方面，情商已经成了一个非常普遍的能力维度。很多研究表明，对于个人的成功，情商远比知识或者专业技能更重要。我们在前面已经详细讨论过情商，概括起来，它包括四个方面的技能：自我认知、自我管理、社会认知、关系管理。你也可以同样用这四个方面来评估组织的集体情商。

例如，你是否曾目睹过一个组织在应对变化时，那种像儿童一样大喊大叫的状态？或者某个重大事件发生时，集体好像得了抑郁症？有个食品行业的客户请我去提供咨询服务，原因是整个组织表现不佳，而他们却找不出确切的原因。在测评阶段，我发现了在大部分高级管理者中弥漫着的深深怨气，没人明说，但在他们的未尽之言及谈话方式中显露了出来，这种迹象我在一些经历着亲人死亡和哀悼过程的人身上见过。

然后我发现，这个组织刚刚经历过重大的重组，每个人都若有所"失"——旧的做事方式之"死"。在公司召开研讨会之前，我们首先做了一个"哀悼仪式"，一个简单的流程：每个人按照工作年限排成一队，然后描述各自在加入公司时组织的运作方式。大家经历了公司从诞生到今天的全部变化。这个流程让集体记住并感恩过去的一切，然后放手，拥抱即将创造的一切未来。组织作为一个集体，处理情绪的方式和个人相似。正如我们用情商来衡量个体和组织处理"关系能量"的能力，我们也需要确定个体和组织在背景能量场中运作的能力。前面已经谈过，这更多和心灵智商相关，这是一种善用个人的意义和宗旨的能力。这方面要归功于辛迪·维格尔斯沃斯的工作，她为我们提供了一个测评工具——心灵智商测评问卷 SQI。这个工具同样从四个方面评估心灵智商，分别是大我 / 小我觉知、全观觉知、自我精进、社际精进 / 临在状态。

正如帮助个人成长、发展、成熟一样，帮助组织为未来做好准备是一个统合活动能量场、关系能量场和背景能量场相关能力的过程。和个体一样，如果一个组织的发展受到桎梏，它的贡献和生产力也会受到影响。当我指导个体提升自我时，我会帮其确认为了达到他想要的理想状态，他需要的专业能力；我也会和他一起提升其人际关系能力，以便他建立新的生活所需的交际网络；同时我也会和他一起应对那些负面的想法，因为如果没有处理好，他将前功尽弃。既然这三个发展方面对于大大改善个体的生活非常重要，为什么它们不能同样适用于组织呢？

12.7 渐变还是创变

你的战略方向是要求你对现有的业务修修补补，还是需要大刀阔斧地创新，以更好地服务于客户？这两者迥然不同，这种差别会大大地改变执行的难度。

了解这两者之间差异的最好方式是把你的组织想象成一条简单的生产线，一条生产某种特定产品的生产线，一条效率最优化的生产线。当你要生产一个不同的产品时，你需要把生产线停下来，根据新的产品做一些调整。

公司和生产线一样，已经经过调整和优化，能够为所服务的客户生产产品、提供服务。公司的每一个部分，从工程到财务、运营到销售，经过多年的演变，已经能够最优化地生产其产品、提供其服务。公司创建了一些标准、规定、指标，甚至是文化，缔造了如今的辉煌。达成公司运营目标如同"生产线"中完成生产目标。

如果你们的计划没有要求组织基本的运作方式做出改变，或者改变很小，那么你们的战略就是简单地对现有的"生产线"做出渐进式改变。你可能是增加一个新的工具，比如实施一套 ERP 系统，或者改善不同部门人员的培训流程，但是你原有的"生产线"——你们的基本运作方式没有改变。这种情形下的战略规划是一种渐进式战略，只对现有业务运作方式进行修修补补。

但现在，让我们看看另一种战略，一种创新战略。这方面的示例包括价值链上移，即用不同方式为不同客户服务，提供一系列高附加值的产品和服务，或者从一个生产导向型企业转为服务导向型企业（或者反过来）。

这种战略方向的改变需要相应地改变业务未来的运作模式，例如，如果公司业务从向工程师销售技术产品变为向高管销售解决方案，组织需要应对更长的销售周期、确定不同的绘制产品路线图的方式、开发不同的接触市场的方法，甚至还要面对不同的收入模式的挑战。实质上，你过去成功所依赖的标准、规定、结构和业务模式都需要改变。拿"生产线"做比喻，你需要调整组织的原有"生产线"。但和真正的生产线运作有所不同的是，你不能让组织这条生产线"停线"来进行调整。实施创新战略要求我们让组织这条"生产线"维持现有运转的同时做出调整。

战略是关于提升做事的方法，战略是关于改变，不管是渐变还是创变。管理战略执行就是管理变革。

如图 12-4 所示，即使是渐变战略，也会有一个斜率，意味着你需要做出一些变革管理。如果组织想要不断提升绩效，这两种路径都要求组织改变其运作方式。但显然，相对于渐变战略，创变战略的管理流程调整更加重要。

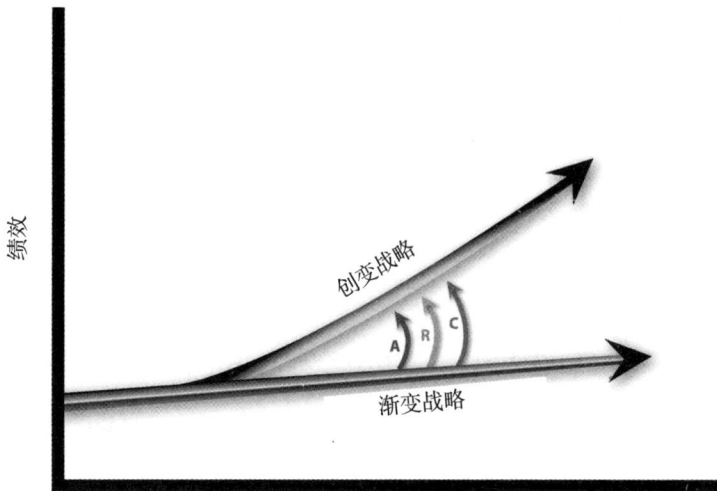

图 12-4 创变战略与渐变战略在组织变革中的对比

对于很多公司来说，战略计划本质上是渐变的，接近于运营计划。这些计划大多是用来提升运营效果和拓展现有业务模式的。如果制定的是创变战略，那么用同样的方式来管理其执行过程的结果将会是毁灭性的，成功机会渺茫。

是否是创变战略，取决于对基本业务模式做出了多大程度的改变。基本业务模式就是组织产出结果所使用的标准、规定、指标和流程。

因为创变战略从根本上改变了组织固有的做事方式，需要不同的关注点。创变战略必须考虑组织里那些潜藏在表面之下，不为人所觉察的力量，这些力量建立了目前大家习以为常的边界。渐变战略一般要面对的是活动能量场的力量，而创变战略需要重塑背景能量场的边界并且重新定义关系能量场。

背景能量场和关系能量场在创变战略的变革中发挥的作用最大，如果一直对它们没有觉知，这两个能量场就很可能会拖你后腿；反之，如果能够采取适当的战略举措重塑它们，它们会将你送上成功的大道。

管理好创变战略的执行过程，需要识别具体的举措，包括目标、指标和指标值。它们让你有能力去追踪那些之前被认为是业务中虚无缥缈的东西，使这些东西变得更实在、可以衡量。通常关系能量场和背景能量场（定义了我们的意义和宗旨）在能量形态上的小小改变，会让结果大相径庭。

12.8　用成长性视野做计划

如果战略是一个成长性流程，那么你在当年的计划里必须包含一些为未来打基础的行动，一个简单的例子就是业务拓展和销售的区别。众所周知，销售就是争取当期业务订单，不管这个时期是以天、月、季度还是以年度为单位的，其重点是寻找机会，敲定业务订单。业务拓展则相反，其重点是积累那些未来会转换为销售量的业务机会。例如，一个教育行业的客户，想建立强大的国际业务，因此设定了一个战略目标，即使国际业务量和国内业务量相当。

他们在国际市场几乎没有任何曝光度，对于建立国际渠道也缺乏经验，他们首先做的是雇用一个有国际业务经验的资深业务开发人员，给他一份三年规划，让他去建立关系、开发渠道、创造一系列潜在业务机会。这个规划的每一个部分都是建立在前一个部分的基础上的。

其有三个时间范围，阶段一里包含的是今年要执行的活动；阶段二是一个中间阶段，需要在 2 ~ 3 年内实施；而阶段三是未来达到所期待的新的能力水平的时间范围，通常是 3 ~ 5 年甚至需要更长时间。为了完成为阶段三设定的目标（国际业务量和国内业务量相当），企业需要为阶段二设定目标（开发渠道，创造机会），为打基础的阶段一设定目标（雇用一位国际业务开发人员）。

对大多数人来说，这似乎很简单，我也希望如此。但我们经常看到公司设定了阶段三的目标，却并不好好思考如果要到达那里，需要做出什么改变。它们过分迷信这句话了："只要设定好目标，其他的会自然发生。"虽然对于某些人或者某些组织确实是这样的，但它并不具有普适性，有些人能够自己搞清楚，而另一些人却不行。不要想当然地把它归因于智商差异，这种差异是发展成熟度造成的。

那些发展成熟度高的个体，会更倾向于自主。这似乎简单明了，但是不太为人所知的是那些心灵智商高而专业能力低的人相比于心灵智商低而专业能力高的人更容易应付宽泛的目标，组织也是一样的。

战略还需要配备合适的活动能量场、关系能量场、背景能量场，以及确定好这三者的先后顺序。记得前面我们讲过的提高中标率的案例。在任何活动能量场中的改变能够发生影响之前，你需要先改变背景能量场。背景能量场是三者之中改变速度最慢的，关系能量场次之，而活动能量场的改变是最快的（假定其他两个能量场支持这种改变）。

当你为组织的未来制定战略举措时，你需要为阶段一、阶段二、阶段三制定相应的"活动""关系"和"背景"的目标和指标，并意识到它们之间的互赖性。

12.9 资源分配

为组织的未来制定一套战略举措只是第一步，更重要的是你能否全身心投入其中。做任何事情都需要全身心投入，而展现的方式就是资源分配。

你可以询问任何一位人力资源高管关于人才的发展战略：有多少次的战略计划讨论中，你们口头说"确保发展我们的人才，他们是我们最重要的资产"，可在制定预算或者削减费用时，首先遭殃的却是人员的培训和发展预算。

似乎有一种同样的病毒在大部分公司里传播："紧急"病毒。似乎，我们总是对直接出现在我们面前的东西、"紧急"的事情做出反应，而牺牲了为了未来运筹帷幄的重要事情。这个病毒有个副作用，它会擦去我们的记忆，导致我们无法理解为何没有完成目标。

战略的决定阶段有四个关键步骤，如下所示。

1. 确定战略举措。

2. 给这些举措排好顺序。

3. 选择衡量指标，制定指标值。

4. 分配资源。

当你分配资源时，非常重要的一点是，要为战略举措特别是阶段二和阶段三的举措制定清晰的预算。我们从平衡计分卡中发展出了一个概念，将它整合进了实时执行系统，我们称之为战略预算。

你可以把它看作类似于固定资产预算，大部分公司都意识到需要为固定资产的开支制定单独的预算，它通常包括购买新设备，以及现有固定资产的持续维护。同样的，战略预算确保了为战略执行分配相应的资源，否则，组织很快就会发现大家对于战略没有投入度，又回到了每天穷于应付各种危机的模式。高管团队会认为制定战略只不过是周末外出开心一下，没有什么可持续发展的东西。

12.10 方向选择

如前所述，战略是创造未来的流程，我们可以把未来看成过去的延续或者是对我们想要的未来的一种创造性的构想。我们从生命中了解到生命体都趋向于创造，就是这一点让生命体有别于机器。我们畅想各种可能性，然后努力实现我们的梦想。制定未来愿景就是启动你的梦想之旅。如果你询问任何企业家他们开始创业的起点，他们都会回答有过他们能够实现但是别人都不以为然的梦想。就是这个做梦以及追梦的过程让人生变得更加丰富，这对于你以及组织都是如此。

虽然我们坚信定义未来是一个创造性的过程，回顾过去也是这个过程中的一个不可或缺的环节。通过了解过去的模式，当能量流向未来时，你可以洞察其动力和方向。

一切都是能量，这个前提决定了现状就是过去的能量转变后演化而来的能量。趋势不过是能量动量，是揭示事物运行方向的深层模式。趋势的动量越大，能量的模式就越明显，你就需要花更多的能量改变它。

大部分人能够辨认出一个超前其时代的理念，你可以把这种早期的理念视为在现有行为模式下的能量场中播下的种子。如果这粒种子是热情友好的，它会吸引越来越多的能量到其身上。一旦这样做，它就会创造新的能量模式，接着转化成新的行为，我们会在那些大家常说的创新者身上看到这些行为。如果它证明了其价值，它会集聚越来越多的能量，一旦到了引爆点，就会表现得像是一种新的趋势涌现出来一样。

理解过去的趋势可以帮助确定你需要多少能量，才能把现状变成你所畅想的未来。未来从来都不是由过去所决定的，过去只决定了实现未来梦想所需能量的大小。

当选择战略方向时，你通常会结合追随现有趋势和创造新的趋势这二种思路考虑，这其中的配比取决于你们的宗旨之魂。如果你们的核心是技术创新，显而易见，你们会更侧重于创造新的趋势；而如果你是快速追随者，你则会更倾向于现有趋势。

12.11 前提假设

不管你是哪一种类型的组织，当你需要选择一套战略举措时，你是在基于一些前提假设做决策。因为战略是关于创造未来的，你的所有决策都是基于对过去事实的解析和未来趋势做的假设。至关重要的一点是你需要确保涵盖所有前提假设，我们经常看到组织仅仅基于它们认为的反映现实的假设做决策。

随着时间的推移，很多组织被这种现实偏差所蒙蔽，看不到环境中众所周知的东西。这会减缓甚至糟到阻止组织对于不断变化的环境做出有效的反应。通过记录、追踪前提假设，并且在评估阶段不断追问这些假设是否仍然有效，一个组织自然会在一个变化多端的世界里更加灵活应变。盲目自信是很危险的。

12.12 即兴演出：释放组织创造力

现在我们已经确定了组织的故事基调，也写好了剧本，是时候上演了——是时候站到人生的舞台上，把我们所计划的一切付诸行动了。

和所有演出一样，演员需要理解角色以及剧本将如何展开。现在我们的演出剧本是统合组织的所有行动。相较于完全照搬剧本的演出，它更应该是一场即兴演出。

因为当今世界日新月异、变化万千，我们无法精准地确定演员所要面对的状况以及相应的应对措施。相反，我们希望团队的每个成员理解他们所扮演的角色，能够吸收世界的赠予，并予以回应，让演出朝着正确的方向推进。

这就是即兴演出的精髓。在任何一个时间点，我们都没有办法知道另一个演员会说什么、做什么。我们静待故事的展开。当演出题目给出时，演员必须做出反应。即兴演出的一个关键规则是我们必须接受演出题目，然后加上自己的部分，让剧情向前推进，并成了另一个演员的题目，他／她会站出来，接受并增加他／她的部分。

非常幸运的是，我的妻子简花了十年参加了一种称为回放剧场的即兴演出。它以一名观众讲述一个故事梗概开始，然后演员表演那个故事梗概。即兴演出的过程决定了这个故事的实际展开方式，而且往往让人觉得不可思议。

我从组织创造自身未来的渴望中也看到了同样的现象。组织有一个自己想要表演的故事梗概，但是达成预期结果的实际路径很少遵循事先计划的路径。相反，组织与其需要应对的事件之间涌现出一种自然流动的舞蹈，组织的应对方式对故事其他部分的展开关系重大。学习即兴演出的技能会提升组织的最终绩效，也能够创造出一个和即兴演出一样的奇迹。

能够对于环境提供的任何东西做出反应，这种能力释放了组织的创造力。想象一下如果所有演员个体——公司舞台上成千上万的潜在个体，都具备这样的能力，会是怎样的情形？他们就能自由地对任何面对的事件做出独特且富有创造性的反应。这个演员团体的整体表现将是一个神奇的故事，他们在服务客户中实现了组织的宗旨之魂。

12.13　持续学习成长

彼得·圣吉在其 1990 年的著作《第五项修炼》中，将学习型组织这个开创性理念带到聚光灯下。在他的书中，彼得·圣吉这样定义学习型组织：

在这种组织中，人们不断拓展自己的能力，创造他们真正期待的结果；在这种组织中，新的扩散性思维模式不断被孕育；集体的愿望展翅翱翔，人们一起持续提升系统观。

彼得·圣吉的一位追随者，阿里·德赫斯（Arie de Geus）在其著作《长寿公司》中强调了学习型组织的优越性。在担任皇家壳牌公司计划负责人时，他研究为什么大多数公司"英年早逝"，而有一些公司却能活上好几百年。他认为公司是一个生命体，能够不断地学习和适应，其员工也能够不断地学习和成长。

所有生命系统都必须不断学习，这样才能适应环境的变化，否则就会死亡。其中的人也在不断学习，与时俱进，在学习中拓展自己。他们就是在全力以赴完成目标和理想结果的过程中创造了学习的机会。学习得越多，人们能够贡献的能量也随之增加。

不管是对于个人还是组织，我们都可以把学习过程定义为：尝试某种东西，确定产出，比较实际产出和理想结果，然后决定有什么需要调整的。

这听起来是不是很熟悉？因为它和另一个过程很相似：我们定义理想

结果，评估我们的当前状态，确定之间的差距，然后决定采取什么样的行动来补上这个差距。确定战略和学习的流程很相近。生命的整个旅程可以视为一个学习的过程，而学习会不断拓展我们完成目标的能力。如果你回忆有机组织这个模型，它就是一个"贡献-学习"回路[①]。

学习流程始于一个无法完成的目标，听起来是不是有点怪——设定一个你无法完成的目标？如果一开始就可以完成，那么你就没有什么可学的了。学习始于一个你还不知道如何完成的理想结果，你尝试一些你认为能够完成理想结果的最佳行动，然后比较实际产出和理想结果。一开始就把事情做对的可能性是比较低的，但是你可以因此得到新的信息帮助你调整行动，然后你继续尝试，最后会达到你的理想结果。

这听起来有些简单？是的，但是问题是，大部分人不愿意从这个角度去接近理想的结果。他们认为在设定目标之前就必须知道如何达成，他们受制于专家思维。我们不鼓励学习，因为我们期待人们事先就知道。

在和一个客户的对话中，创始人对新来 CEO 的一些行动表示担忧。他培养了这个年轻人来接替自己，创始人完全相信他可以接手公司，而且这个新的 CEO 也具备相应的能力。直到有一天，这个新 CEO 做了一个和创始人不一样的选择。创始人看到了这个决策的错误，很生气为什么新 CEO 没有看到。

我问创始人多大了。

"我 72 岁了。"

"你担任 CEO 多少年了？"

"40 年。"

---

① 关于作者提到的"贡献-学习"回路，可参见本书第 4 章的"人：组织所有能量之源"这一节。——译者注

"那么新的 CEO 呢？多少岁？担任 CEO 多少年？"

"54 岁，1 年。"

"我猜他需要经历他自己的学习曲线，你觉得呢？"

我们急于达成结果，不能容忍学习过程，而那正是持续改善、持续成长所必须经历的。成长意味着我们比以前有了进步，成长就是通过学习拓展自己的能力。爱因斯坦有一句名言："期待用同样的流程得到不一样的结果是愚蠢的。"

实时执行流程的评估阶段是组织的"贡献 - 学习"回路，它是催生实际成长的关键要素。我们建议评估阶段包括三个方面：既定举措对应的绩效，实际行为和核心价值观的吻合程度，隐含的基本假设。

组织应该多久评估一次进度？可以从项目集管理的角度来考虑这个问题，它是一种管理很多拥有共同项目目标的复杂项目的方法。战略执行也面临类似的挑战。

每个战略举措相当于项目集中的子项目，每个战略举措都有自己的倡导者，他们想评估进度和目标之间的差距。你也需要管理好整体战略，评估不同举措之间的相互影响和依赖度，以及时间进度。虽然每家公司都是独特的，但我们发现，每个季度的定期评估是最有效的。正如每个项目集都有一个明确的项目经理，负责项目的整体管理事宜，对于战略执行，我们也建议有一个人负责监督和协调。

根据企业的规模和复杂程度，你可以在内部设立相应的职能部门负责这项工作，或者把它外包给专注于战略执行的机构。

在模型中，我明确规定了第五个关键模块，即在人、流程、客户、财务之上增加了领导力。领导力不只是从个人的角度分析，虽然领导首先是人，但除了大家对所有人都要求的那些能力之外，他们还需具备一些其他能力。

所有人都具备在 ARC 框架中显示出来的能力——专业能力、人际能力、内省能力，任何一个人的发展都需要这三种能力的平衡发展。而对于领导者，还有三个独特的要求：管理技能、团队和协作能力、鼓舞和激励能力。

之前几十年的业界研究聚焦于区分领导和管理的概念。遗憾的是，这是个错误的二分法。每个领导都是管理者，每个管理者都是领导，双方都需要这三种额外能力。唯一的区别是，随着你在组织里晋升，使用每种能力的比重不一样。一线主管可能更多地使用管理技能，而 CEO 则更多地使用鼓舞和激励能力。这并不意味着一线主管不需要鼓舞和激励他人，也不意味着 CEO 就不需要掌握管理流程中的关键要素。

我认为领导力的定义已经过时了。在任何字典查中找领导者的定义，你会得到类似这样的答案：一个负责指挥军队的人，一个位于金字塔顶端的人，一个最终的决策者，这个人会说"责任到此，不能再推了"。

这是另一个不同的定义：领导者是一个统筹资源完成理想目标的人。这些资源包括贡献能量的人、强化和发挥这些能量所需的资金、引导能量流动的组织以及未来愿景——所有为了实现理想目标的要素。所以我们把领导者称为"万能大师"。

一个最新的谬论是"领导者是天生的"。与几十位 CEO 及众多不同层级领导的合作经验告诉我，没有领导者是天生的。最好的领导者都是那些在成长的路上不断学习的领导者，特别是从失败中学习。我分享一下我第一年担任管理者的故事，经验告诉我，任何伟大的领导者都有过类似的故事。这个谬论最糟糕的部分是，一个人在组织中所处的位置越高，能够得到的发展支持越少。

当我在惠普工作的时候，公司要求所有管理者对下属的发展负责。但是这家开创了很多领导力发展课程和工具的公司，却忽略了对于其高管团队的培养。当我晋升到高管级别时，我发现我没有了定期的绩效评估。我的导师，一个最亲密的朋友——他比我早 18 个月被提拔为区域服务经理——告诉我："管理者成长、惠普之道、目标管理都是针对普通员工的。当你被提拔为高管后，公司认为你已经具备相关能力，不再需要发展了。"

后来，我和一个董事会成员讨论不同的 CEO 候选人，他的意见是："一个 CEO 应该知道如何做好工作。如果候选人还需要发展，就不是合适的人选。"我还没有见过不需要进步的人，哪个董事会成员不希望 CEO 与公司共同成长？没有 CEO 的成长，哪来公司的成长？

12.14 董事会的角色

过去十年，关于董事会众说纷纭，治理机制也发生了很多改变，一方面是因为法律要求，另一方面是大多数董事会的认真自省。在 21 世纪初期发生的一些丑闻后，美国政府颁布了《萨班斯法案》；接着，在金融危机之后，对于治理机制又增加了新的法律要求，美国政府出台了《多德-弗兰克法案》。这在学术界及商界之中引起了很多讨论。美国企业董事联合会蓝带委员会、投资咨询服务协会、美国证券交易委员会等出台了各种新的指导方针。

过去十年，整体大环境都是合规合法的，董事会对于这些机构出台的新的规则和条例亦步亦趋，确保自己的治理机制符合这些最佳实践。但是在这个过程中，董事会也遗忘了其确保组织茁壮成长的职责。

董事会对于股东负有受托责任，这一点是大家公认的，我也不反对。我不同意的是对于这个责任的阐释。通常大家认为这个责任是提升公司的价值，这样做是为了给投资人提供合理的回报。但创造价值意味着什么？根据能量模型，它是创造客户所认可的产品和服务，并且以最低的能耗提供给他们。董事会的责任是确保组织的全面发展，从成为其宗旨之魂的守护者开始，并且确保组织忠于其宗旨，贡献于超越自身的伟大事业。

董事会需要监督组织是如何践行其宗旨之魂的，时刻保持警惕，确认组织是否践行自身价值观；董事会还需要确保未来愿景对于组织有足够的延展性和挑战性，能够促进其成长，如此一来未来愿景才能持续满足其服务的客户群体不断变化的需求。

董事会不应该只依赖 CEO 来提升组织的执行力。董事会应该积极参与，确保在通向未来的旅程中，组织和 CEO 也能不断地成长。为此，董事会应该采用一个正式的执行管理流程。

如果做到这一点，董事会的运行自然能符合很多法规的核心精神，遵循战略指南针同样意味着遵循道德指南针。一个珍视自身宗旨之魂的组织不可能认识不到其存在意义，不可能不贡献于一项超越自身的伟大事业。一个社区的成员不可能不珍视它和社区的关系。

一个组织不可能忽视所有利益相关者之间的相互依存关系，所以做出的决策一定是对大家都有利的。只考虑短期利益就如同只考虑小孩第二年的幸福一样愚蠢。当我们把组织视为生命体，需要精心呵护和培养，我们就不会只考虑当前季度、当前年度，而是着眼于长远。

董事会、CEO 和高管团队组成了组织的领导团队，他们是有机组织的守护者。

如果你把 CEO 和高管团队看作父母，那么董事会就是爷爷奶奶，是智慧委员会，它护持和引导着有机组织的成长和幸福。

12.15 成长的旅程

只通过学习就想掌握新技能是不可能的，从认知到融会贯通，还需要花时间练习。成长有明确的步骤，想想你学过的任何技能，一项体育运动比如滑雪或打高尔夫球，一项操作技能比如骑自行车或开车，或者是知识技能，比如学习数学或科学，我们总是遵循同样的步骤。首先是认知阶段，我们发现学习新技能的价值并愿意全身心投入其中；其次是比较尴尬的阶段，我们在尝试新技能的时候有些笨拙、不舒服和低效；再次是精进阶段，不断练习有了回报，我们打好了基础，持续提升技能；最后到了专家阶段，我们毫不费力、不假思索地驾驭新技能。

组织提升其流程技能的过程也是一样的。实际上，关于应用成长模型来培养组织流程技能的理论不胜枚举。这些知识体系是在早期的质量运动基础之上不断完善而成的，从克劳士比的质量管理成熟度表（Quality Management Maturity Grid，QMMG）到卡内基梅隆大学软件工程学院的能力成熟度模型（Capability Maturity Model，CMM）。

为了帮助公司建立一个聚焦于执行的组织，我们开发了执行成熟度成长模型（Execution Maturity Development Model，EMDM），它从一系列维度来定义发展的五个步骤。这五个步骤是混乱、被动反应、结构化、主动应对、融会贯通。维度包括 ARC 框架中的领导力、人、流程、客户，并结合了战略指南针的四个要素，即灵魂宗旨、使命、核心价值观、未来愿景。

凡事皆旅程，一段成长的旅程。组织作为一个集体必须不断提升能力，以应对其想创造的未来可能面临的挑战；领导必须提升其统筹资源、创造理想结果的能力；组织里的个体也需要学习和成长，充分施展自己的独特才华；而董事会则需要提供智慧，确保组织持续健康成长。

12.16 尚在路上

圣雄甘地说过："人类的伟大之处，不在于能够重塑这个世界——那是原子时代的秘密，而是重塑我们自己。"

在过去 100 多年中，商业世界彻底改变了我们的生活。现代企业这台"引擎"带给我们前所未有的繁荣。过去 150 年社会的发展成就远远超过之前的一千年。我们推进更多创新，创造了更多机会，并且提升了整体生活水平。

但是现在我们发现，这台用于生产的机器已经变成了破坏的机器，它曾经推动了人类的进步，但是现在却成了很多社会疾病的根源。从安然事件到金融危机，从环境危机到社会责任感缺失，现代企业成了当今世界的"魔鬼聚集地"。

但错不在于企业的内在本质，而在于企业的真正本质没有发展好或者根本就是缺失的。

在《风月俏佳人》这部电影中，理查·基尔饰演的主人公爱德华把自己的商业技能磨炼得炉火纯青，为了拿下每笔交易不惜一切代价。他很快就发现自己虽然赢得了交易这场局部战，却输掉了整个灵魂的保卫战。

我们的企业是生命体，不是没有灵魂、只关注生产和股东价值最大化的机器，但不幸的是它们变成了这个样子。它们在生产方面的技能不断精进，但奉献方面的技能却消失殆尽。但正如理查·基尔扮演的角色一样，故事不会就此结尾，还有另一条路。

组织是一个完整的有机生命体，它们生来就是要发展自己以践行其宗旨之魂。这个使命召唤组织超越纯粹地生产产品和提供服务的目标，为所服务的市场和社会做出贡献。

有机组织更需要的是引导和滋养，而非管理。目标是增强它的能力和创造力。

当一个组织重新聚焦于践行其宗旨之魂，就会自然地发生蜕变，也会创造出惊人的业绩，从而在众多竞争者中脱颖而出。全食超市、苹果公司、乔氏超市连锁店是这类公司的一些代表，它们展现了有机组织的"魔力"，而惠普、沃尔玛、丰田等也曾经是"魔力十足"的公司代表。这些例子说明，公司和人一样，也会像爱德华这个电影中的人物一样迷失方向，而后又找到自我。

为了帮助理解有机组织的特性，我们和大家分享了"魔法"背后的科学，解释了结果来自能量的有效流动和转换。更重要的是，我们揭示了活动能量场、关系能量场和背景能量场三种能量场的特性。

背景能量场是所有能量的发源地，它拥有开启直觉和创造力的密钥。从这个能量场挖掘和汲取能量的能力激发了个人和组织的激情和敬业度，背景能量场是所有"魔力"的来源。

现代组织诞生于 19 世纪中期工业革命的巅峰时代，从此开始了漫长的进化之旅。

组织的进化之旅和其领导者的旅程如影随形。开始的时候，领导者集中精力把组织管理成一台高效的机器，他们竭尽所能精简流程、设计指标，以此控制这台机器和给机器添加燃料的人。控制和可预测性是其关键成功因素。

到了 20 世纪中旬，他们意识到人是最重要的资产，因此把关注点转向团队协作。领导者竭尽所能激励和奖赏人们更好地为这台机器服务。和其他资产一样，人依然是企业这台大机器的零部件。正如《星球大战》中的阿纳金·天行者选择投向阴暗面，成了达斯·维德一样，企业坚定地把脚踩在通向没有灵魂、追逐金钱的道路上。

这台没有灵魂的机器威胁着要夺走我们的世界，甚至是我们的人性。但这不会是旅程的终点，我们还有其他道路可选，那就是重新焕发组织的生机，召回它及正处其中的人们的灵魂。

我们的领导团队能够学会利用背景能量场，来发现和表达组织的深层宗旨和意义；他们能够学会创造文化和价值观，为背景能量场设定规范，指引每个人日常的行为和决策，助力他们实现组织的宗旨之魂；他们能够学会培养全面发展的人才，倡导并提升对人性的尊重，建立一个由共同理想凝聚起来的关系社区，一个人们既能奉献也有收获的社区。

这就是企业领导者新的关注点，设定背景、培育人才、构建社区并为人服务。碰巧的是，这也是自古以来精神领袖的职责。你可以推定，在 21 世纪，CEO 将是其所在社区的精神领袖，这和我们在 20 世纪对 CEO 的看法相去甚远。

这些在新关注点下成长的组织，其在意的自然不仅仅是取胜和赚钱，它们更注重服务客户和社会。有机组织自然会是负责任的社会"公民"，为所在社区（不管是本地还是全球）的福祉做出贡献。

这个旅程不会一帆风顺，现有范式的背后有巨大的能量，100 多年的成功铸就了它。金融行业，曾经是支持企业从善的资源，现在却掌控了企业，迫使企业屈从于它。它不会轻易放弃这个掌控权，以及对于投资回报和季度利润的要求，它把这些视为任何业务的核心目标。

这些挑战不会压垮我们，也并非无法克服，越来越多的领导团队挺身而出，迎难而上。尽管学会和这三种能量场相处，特别是背景能量场，有时会觉得有点为难，甚至有悖于直觉，但是回报却远大于投入。

这是一种崇高的挑战，让我们可以深入组织的根源，去探寻它是谁、应该是谁。现代的商业组织曾经是人类社会进步的伟大引擎。它现在仍有希望，继续为人类社会的福祉做出伟大的贡献。

我们能够学会如何和背景能量场的力量共处，并培育和增强组织的宗旨之魂；我们能够学会重新编写故事，并神奇地进入新的世界—— 一个充满可能性的全新空间，那里有一座宝藏，正在等待任何有勇气和信念的人去发现。

第 13 章

总结

商业作为社会的伟大推动力，声誉发生了巨大改变。这到底是何种原因导致的，以及我们应如何应对改变是组织应该持续思考的问题。

这世界上有三亿多人正努力改变自己的命运，而社会提供了一套系统帮助他们实现这个梦想。

——圣雄甘地

13.1 商业是社会的驱动力

长期以来，商业被社会视为进步的伟大驱动力，这台发动机推动了科技和生活水平的巨大进步。

例如，在1760—1860年间，技术进步、教育和日益增加的资本将英国变成了世界的工厂。工业革命引发了英国实际收入的持续增长，后来扩展到其他西方世界，一直持续到今天。人们的收入增速在持续加快，如今人类的生活水平是100多年前任何人都难以想象的。

约翰·V. C. 奈（John V.C.Nye）在一篇发表于《经济学和自由图书馆》的文章中描述了这些进步：

"17世纪以前，世界上大多数人不仅对贫穷司空见惯，而且认为对此我们无能为力，即使是早期最乐观的作家都无法想象富裕人口有一天会超过几个百分点，如果能够计算增长速度，他们会认为最多也就是每10年增长1%。

但是前几个世纪的增长速度是前所未有的。在那些最成功的国家里，普通市民所享有的物质生活水平会让200年前最伟大的国王都嫉妒上火……

即使在一些不发达地区，人均收入、预期寿命以及疾病和饥饿致死率都会让1760—1860年间欧洲最发达的国家英国和法国相形见绌……

从 1700 年开始，发达国家不同寻常的一点是：物质的整体改善程度似乎不大。以至于同时代的人，比如亚当·斯密都没有意识到他们经历了一个后来被历史学家称为工业革命的时代。

最终，改变是如此巨大，以至于每个人都能够看到即使是英国、法国、德国和美国的普通劳动者，日常生活也都发生了翻天覆地的变化。

这些变化背后的原因是资本的累积和技术的提升，以及这些国家享有巨大经济自由的事实。20 世纪后期，这个转变蔓延到了世界的大部分地区。"

经济自由使得资源能够流动到产生最大效益的地方，经济自由给个人创造了改善经济状况和提升社会地位的机会，经济自由是商业这个大系统的基础。

13.2 声誉是如何改变的

这台推动社会进步的引擎，曾经是西方世界经济发展的基石，现在却被很多人视为当今许多问题的根源。从大萧条、全球气候变暖到对这个星球资源的滥用等，人们把诸多问题都归结于大企业的贪婪和自私。

诚然，传统商业体制自身是有错误和缺点的。从查尔斯·狄更斯作品《艰难时代》中的红砖城到威廉·布莱克（英国著名诗人）作品中的"撒旦的磨坊"，作家们描绘了传统商业体制令人生厌的阴暗面，包括造成了滥用童工、不安全的工作环境、虐待工人等严重的社会问题。政府对于这些问题采取了相应的对策，包括设置最低工资、出台童工法及职业安全与危害条例等。

伴随着这些演变，传统商业体制继承了之前体制的很多东西。虽然它取代了之前的贵族社会，即一小部分人掌控权力和财富，大多数人没有权力，财富也少得可怜，但很多特点依然如旧。确实，国王和君主的贵族社会被推翻了，但也只是转变成了大小企业主和领导。没有权力的大众成了雇员，待遇很低，他们对其生活仍然没有什么掌控力，很多人认为公司的雇用方式是压迫人性的。

旧的商业体制，在促进社会进步、创造巨大的商业机会的同时，对更强大、更富裕、更有权的人偏爱有加。可今天越来越多的大企业——传统商业体制的最大受益者——却深陷苦苦挣扎和衰败的泥潭之中。

通用汽车已大不如前，它之所以能活下来是因为联邦政府给了它几十亿美元；美国金融系统的其他支柱，比如雷曼兄弟和贝尔斯登公司早已消失。"帝国 CEO"时代正在结束。金融市场崩塌时，很多将金融的未来投资于传统商业体制的个人损失了 50% 甚至更多的财富。

美国，作为最大的资本主义国家，因为其持续依赖于过时且失效的决策系统，现在陷入了大萧条以来最大的衰退。

商业经受着新技术的不断冲击，这些技术改变了我们设计、生产、销售、配送产品和服务的方方面面，而且改变的频率在提升。这给企业实现成功增添了压力，企业的失败率大大上升。

在过去 10 年，我们目睹了互联网公司泡沫，安然、世通和安达信公司的倒下，房地产泡沫的破裂，以及美国接近崩盘的金融系统。政府再次举起法律的大棒，从《萨班斯法案》到《多德 - 弗兰克法案》。这一切好像把传统商业体制描绘成一个坏孩子，也号召人们对商业本身的做法和基本进行改革。

13.3 商业方式的改变

工业时代改变了西方世界，我们从信念和活动围绕着有限的自然循环的农业社会转向基于推理、逻辑和理性组织的社会；我们从个体贡献者（工匠）主导转向集体组织主导，这种转变释放了巨大的潜力，带来了过去 100 多年的高速成长。

这种转变催生出来的那些小企业，在成长壮大的过程中，对自然资源和资金的巨大需求前所未有。最终第一家股份公司成立，引进越来越多的股东，逐渐取代了创始人及其家族，成为企业的所有者。不像创始人那样对于企业的成功投入个人精力和情感，这些新的所有者远离企业。他们唯一的兴趣是获得合理的投资回报，他们把企业的管理托付给了一群新的玩家：职业经理人。

这些新的企业领导者不是组织所有者，而是其代理人。他们的工作机会取决于企业的成功，所以他们需要模型和工具来增加他们成功的概率。他们知道如果自己失败了，幕后的所有者会找别人取而代之。职业经理人对于效率的追求奠定了我们当代企业的原则和做法，也为今天的诸多问题埋下了伏笔。

13.4 世界观的局限

在任何时代，我们可以选择的解决方案的范围受制于我们的假设和世界观。这些东西成了我们看待、解读和理解周围世界的棱镜，帮助我们生存并从这个世界中找到意义。但它们也束缚了我们，因为有限的视野总是会让我们忽略掉拼图中某些重要的部分。

我们都听说过"认知即现实"，反过来也是对的："现实由认知决定。"世界观是如此紧密地与我们所处的环境交融在一起，以至于它成了我们的一部分，而我们往往不解其中之奥妙。为了全面了解我们现在的世界观和由其创造的商业模式，我们必须追根溯源。

相对而言 20 世纪早期的世界并不复杂。虽然相比于 19 世纪变化的速度加快了，我们仍然不需要复杂的模型来帮助我们生存或适应。一个时代的人也许会碰到 3 ~ 4 次系统性变革，比如飞机、收音机和电视机的出现，大大地改变了我们的生活方式。我们相信，我们可以在一定程度上预测决策的结果，因为生活似乎遵循线性的因果关系，作为个体和公司我们很容易按图索骥。只要我们遵循正确的法则，我们的决策就会带来我们期望的结果，而且我们可以为未来做出准确的规划。

当今主流的科学世界观，是现代科学之父牛顿在 17 世纪奠定的，它支持这种可预测性理念。在牛顿的世界里，每件事情都是线性、可预测、可控的。牛顿把世界看成一部按原则运转的机器，可以分割、解释和重复。那时的我们认为这些真理不言自明、令人快慰，于是把它们融入了我们每个组织的设计和运行中。

13.5 机器：范式体制

顺着这个逻辑思路，19 世纪末和 20 世纪初出现的公司都是围绕主流的科学和机械原则建立起来的，因为它们是被当时的社会所接受的。例如，弗雷德里克·泰勒利用"有序世界"的牛顿假设，创立了至今广为人知的科学管理理论。和牛顿的世界观一样，泰勒将企业视为一部运转良好的机器，其唯一的目的就是让流程最优化，以获得最高的效率，高效意味着更少的资源浪费和更高的产量、更多的利润，这种理念精确、直接、简单。

泰勒的范式成为组织及其结构的指导原则，至今盛行。它将组织看作一台反映因果关系的机器，每件事情都可以描述、预测和控制，在这种模式下，领导者需要掌握的是诸如计划、组织和控制企业活动等方面的机械技能。

在我早期参加的管理培训中，我很清楚自己的角色就是领导自己所负责的团队。领导意味着我们承接上级下达的一套目标，同时上级也是从他自己的上级那里获得这些目标的，然后我组织团队尽可能高效地完成这些目标。我是唯一一个决定工作应该如何做、谁来做的人，我还需要监控那些汇报给我的人的工作，确保他们符合公司的期待。工作流程分析、成果衡量和效率研究是我用来提升效率的一些工具。虽然遵循这一套做法能带来一定程度的成功，但我可以感觉到单独靠这些工具是无法发挥蕴藏在我团队中的绩效潜力的。

一直到20世纪中期，这种控制导向的模式都在很好地为我们所用。它让我们可以驯服大自然；让我们从一个农业主导的社会转向基于科学和机器的工业社会；它允许企业的劳动力以低技能的工人为主；它完美地适用于一个变化慢、有秩序、可预测的环境。

对效率的不懈追求让组织忽视了"机器"不同部件的差别，人只是领导者放入生产之轮中的一个螺丝钉，他们和其他"机械零部件"一样可以被更换。基于每个工人的平均产出，领导者可以评估完成任务所需的总人数，进而计算出成本。

我们设定收入目标，然后往回推算需要达成的交易数量。我们将每个

员工的平均交易量加总起来，结合预期的生产率目标，计算出所需要的人
力，做出相应的调整。这提供了一个直接、简单的成功公式。

这种简单、高效但非人性化的范式在 20 世纪中期开始崩溃，因为变
化的环境暴露了它的缺陷。

13.6 第二次世界大战的影响

虽然第二次世界大战破坏性极大，但它也给社会带来了一些积极的
影响。战争之前，美国还在大萧条后的恢复期。战争促进了美国的就业。
1940 年，800 万美国人失业；参加战争之后，失业不复存在，甚至女性也
加入了劳动大军，从事以前男人的专属工作，"铆工露斯"（第二次世界大
战时美国女工的统称）成了美国人的流行偶像和进步象征。

战争时期的生产需求迫使工厂的运营做出改变，引入新的、更复杂的
生产技术。忽然之间，企业不只是关注本地市场。到了 1943 年，全美一
半的产品出口海外，企业需要学习新的技能以应对这些新的市场。

战争结束之后，这些需求的变化持续存在。为了避免重复第一次世界
大战之后所犯的错误，即军人回家之后找不到工作，面临机会短缺和住房
危机，国会于 1944 年通过了《退役军人重新适应法》，承诺投入几十亿美
元的联邦资金，为归来的战士提供住房、教育、健康福利和职业培训。

而且，工会通过一波席卷全国的罢工来主张自己的权利。例如，1946
年，40 万矿工罢工了两次。同年，断断续续，总共有 460 万工人参与了罢
工。工会的力量日益强大，联邦政府不得不在 1947 年通过了《塔夫脱－哈
特莱法案》予以应对，这改变了战后劳动大军的面貌，以及管理者的管理
方式。

13.7 世界观的演变

战争不只改变了我们的社会，也改变了我们的底层世界观。原子弹爆炸带来的破坏让全世界形成了一种新的科学理论，强调线性因果关系的牛顿经典物理理论越发受到挑战。

我们进入了量子物理这个奇妙的新世界，它重塑了我们对于这个宇宙运行方式的理解。以前的"钟表机械宇宙"世界观撞上了反直觉概念，比如不确定性原理和混沌理论，世界是可预测、可控的理念失去了根基。

例如，量子物理的非定域性原理规定空间上分离的系统可以即时互相影响，不管它们相距多远。宇宙一端的系统可以影响另一端的一个系统，似乎两者之间没有时间和距离的阻隔。时间和距离这些基本的障碍怎么可能没影响呢？

量子物理另一个令人难以理解的理论是量子同时存在于多个状态中。这个叠加态的概念认为直到我们测量粒子的状态之前，它同时存在着不止一种可能的状态，是测量本身把物体定格在了一种单一状态。这让我想起了第一次上哲学课时，我问过的一个问题："如果森林里的一棵树倒下了，但没有人在现场目睹，我们如何知道它真的倒了？"

另一个学科的改变进一步改变了底层假设。心理学脱离了主流的弗洛伊德观点，后者遵循的是从症状、疾病到治疗的医学模型。心理学中，你无法从症状追溯到单一的疾病，泰勒的科学管理理论和牛顿世界观的因果关系逻辑已经不再适用了。

20 世纪中期，我们可以看到人本主义心理学崭露头角。卡尔·罗杰斯、亚伯拉罕·马斯洛等心理学家，开始更多地关注让心理更强大的方式而非追溯导致心理疾病的原因。他们认为人类具备内在能力，能够从单纯的生存状态向更高阶段演变，即自我实现状态，这种神奇的转变会降临在那些努力争取它的人身上。这种新的人类潜能观对于领导者最终应该如何看待其下属有着巨大的影响。

受物理学和心理学的双重驱动，商业世界也在快速地经历着同样的变化。我们目睹了生产方法和劳工性质的改变，以及新的组织形式的诞生；跨国公司也逐渐变得越来越复杂，越来越难以预测；工会已经成为组织权力结构的重要部分，可以和曾经拥有全部权力的 CEO 抗衡；从战争回来的劳动大军已经和他们离开时判若两样。

社会也在改变。内部组织流程越来越难以理解，一个更复杂的世界及正在变化中的劳动力量给旧的范式施加了巨大的压力。随着商业环境变得越来越复杂，如果新的管理者再组织和控制企业运营的方方面面，他一定会应接不暇。

20 世纪早期，劳动大军的技能相对不娴熟，生产方法也相对简单，管理者相对容易决定需要做什么，工人也相对容易照章做事。但是，20 世纪 50 年代之后，世界不一样了。生产日益复杂，仅依靠一小部分的高管已经很难做所有决定，来应对这千变万化的状况，有些甚至根本做不到。而且，随着跨国公司的成长，公司的高管在距离上也无法遥控远方企业的方方面面。

这些变化迫使管理者下放决策权。在这个新的系统下，中层管理者及其领导的员工不得不在没有上级指挥的情况下调整工作流程。这催生了其对于意外情况的灵活及快速反应。这在旧的自上而下的命令和控制结构下是不可能的。现在你需要相信员工能够正确决策，他们已不再是按照指令做事的机器上一颗颗的螺丝钉。

很多新的工作需要高级技能和专业培训，简单地把绩效不佳的员工换成高绩效的人，已经不可能了。人已经不再是可以替换的零部件，通过一套固定的规则和流程自动产出和保证绩效的管理方式也不灵了。大型的高级企业也已不再是一部简单的机器，它们视自己为生命体。

这迫使组织更加重视员工这个角色，更加关注其待遇和发展，它们已经无法忽视人的因素。将员工视为可以替换的零部件的做法无视了每个人所拥有的独特才能，而且忽略了一个明显的事实，即当你把人放入生产流程中，每个人的工作方式及行为都是不一样的。

13.8 人本观念的涌现

随着世界观及劳动大军的动态变化，缔造商业成功的旧规则不需要改变吗？运营公司的模式不应该随着快速变化的环境而改变吗？但实际上很多东西依然如故。虽然前所未有的改变影响着组织所在世界的秩序，管理者依然牢牢遵循泰勒的效率机器理论，他们仍然需要识别和消除工作流程中低效的环节；他们仍然需要利用传统的劳动力计划方法来确定人力需求，这种方法基于每个员工的平均工作量。

虽然组织的层级在减少，老式的理论和做法依然盛行；虽然环境日益复杂多变，企业的领导者依然视组织为其可以掌控的机器，这给他们提供了一种舒适和可控的假象。

虽然把组织视为机器的理论在一些方面还是奏效的，但我们需要一种的新模式已日益明显。如果管理层希望让组织产出更多，就必须挖掘人性的内在世界。

20世纪七八十年代，我有幸在计算机行业发展自己的领导力，尤其是在惠普。那是这个行业加速成长的全盛时期。为了应对这种高速成长的需求，诸如施乐、IBM、数字设备（DEC）和惠普等公司采用了先进的管理学原理，力图在竞争中脱颖而出。

管理者开始认识到他们已经无法用"大机器生产"那种简单的因果模式来解释新的变化和力量，他们已经无法忽视人的因素及其带来的绩效差异。

他们开始探索什么让员工更有激情，什么可以激励员工，以及如何让员工组成一个最强大的团队。他们需要识别和理解造成绩效降低、团队效率下降及系统堵塞的因素，于是产生了"人是我们最重要的资产"这个新的关注点。

我的管理培训课程包含如何使用人本主义心理学来更好地激励员工和提升绩效，诸如赫茨伯格双因素理论、马斯洛的需求层次理论、麦格雷戈的 X-Y 管理理论等成了每个管理者工具箱的一部分。我记得我和同事及老板一起上过《心理控制术》作者麦克斯威尔·马尔茨（Maxwell Maltz）的一堂课。我们学习自我暗示技巧，通过重构我们的信念来克服我们的局限性，从而提升自己的绩效。

这些新的理论和框架很好地重构了我们对于组织和组织领导力的看法。1960 年道格拉斯·麦格雷戈的 X-Y 管理理论指出对于人性的看法存在两种截然不同的假设。X 理论的领导者认为员工天生懒惰，不喜欢工作，而且如果有可能，宁愿逃避工作。因此他们认为管理者必须严密监督员工，并实施严格的控制措施，以确保员工照指令做事。

麦格雷戈同时提出了一个相反的新模型：Y 理论的管理者认为员工是自我激励的，喜欢工作且自律。我发现这种管理观点和我个人的经历吻合。我的下属并非天生懒惰，如果他们看起来行为有些懒惰，那是他们所处环境的产物。那些所谓的懒惰行为是他们对于环境的一种反抗，因为它妨碍他们做自己喜欢的事情。领导一个团队不只是让他们高效工作那么简单，我开始拥抱人本主义心理学的管理理论。

我看到麦格雷戈和马斯洛的理论有很多相似性。Y 理论和马斯洛的观点很一致，其认为人们具有向更高需求层次迁移的天然冲动，从基本的生存需求向自我实现发展。

这类理论是基于人们天生追求卓越，致力于实现内在潜能的假设。如果他们做得不好，那不是因为他们懒惰，而是有其他东西挡路。因此，公司需要创造适宜的环境条件和奖励机制，让员工愿意好好工作，取得成功。

对于麦格雷戈来说，马斯洛的需求层次可以分成低层次需求（X 理论）和高层次需求（Y 理论），而两者都可以用于激励。进一步的研究表明，如果组织能够将员工的需求往高层次移动，绩效会大幅提升。

赫茨伯格双因素理论强调人们由两套截然不同的因素所激励，即激励因素和保健因素。激励因素激发人们产生做得更好的意愿，它包括成就、认可、责任、挑战、成长和晋升。与之相对，保健因素只在激励因素缺席时才起作用，它们的缺失会打击员工积极性，但其本身并不能激发人们产生做得更好的意愿。保健因素包括工资、福利、地位和工作条件等。

保健因素对应于马斯洛理论中的低层次需求，也是 X 管理风格的激励基础；而激励因素对应于高层次需求，也是 Y 理论管理风格的激励重点。

提升绩效的压力催生了人们对于新的人本主义心理学理论相关书籍的需求。赫茨伯格 1968 年的著作《再论如何激励员工》，截至 1987 年已卖出了 120 万册，被《哈佛商业评论》评为最受欢迎的著作。对于新的管理方式的需求也拓宽了组织发展顾问的领域，他们开始帮助组织开发提升员工绩效的方法。大公司投入大量时间和金钱用于团队建设、员工发展、绩效导向工资系统、激励体系及正式的管理者培训项目，其全都是为了理解并更有效地管理他们这些"大机器"的关键绩效"部件"，这些难以预测的部件就是人。

我开始把这些做法融入我的管理中。我带领大家参加团队建设培训，学习沟通模型；了解我们每个人都有某种行为和沟通风格偏好，而每个人的风格并不一样；练习与自己不一样的沟通风格。

很多年来，我参加甚至指导了许多类似的工作坊。虽然他们创造了非常棒的体验，甚至让组织产生了一些意义深远的顿悟和自省，但这些没有带来长远的影响。我们到外面待了一段时间，周一回到办公室时，行为模式依然如故。所以我们又尝试另一个团队建设的模型，练习不同的行为模式。我做过 DISC 测评、MBTI 职业性格测试、卡特尔 16PF 测验、赫尔曼大脑优势量表等无数测评，但这些测评工具只针对性格和行为风格。不同类型的销售模型、面试模型、绩效管理系统、变革管理系统等测评工具的结果也是一样的。

看到心理学领域揭示的所有这些事实和证据、心理学家提供的新世界观及组织发展人士提供的大量方法、流程和模型，你可能会认为对于业务"软"的一面这个新领域的关注，会让底层范式变好，但事与愿违。

在标榜"人是我们最重要的资产"多年之后，企业仍然把人视为需要调整的仪器，而非有待培育、发展和引导的人。虽然企业在组织发展上投入了上亿美元，CEO 也一再强调人的重要性，但是企业在艰难的时候，首先砍掉的却是培训费用。即使赫茨伯格在 50 年前就提出了他的理论，马斯洛的文章写于 1943 年，但是丹尼尔·平克的最新畅销书《驱动力》和奇普·康利的《巅峰：马斯洛赋予伟大公司的魔力》依然在提醒着我们，人们不是被钱而是被使命和意义感所驱动的。

到底发生了什么？为何过去 50 年的进步如此之小？为什么管理者还是只基于"可以衡量的东西"来制定关键决策？

和我很多同事的感觉一样，我也发现好像缺少了什么，你经常很难为这些损失做出合理的解释。我衷心地认为下属对我的成功至关重要，但是其他事情发生了。一种几乎看不见的力量好像压制了我为了赋能于他们所做出的所有努力。然而，有时候，我还是成功地克服了这种阻力，这一点从我创造的成果可以看出来。

在我担任惠普区域行政经理期间，我接手了美国 4 个销售区域中被认为表现最差的那个行政管理部门。当我在 1982 年成为这个部门的掌舵人时，它刚完成了五星内部审计，这个审计的深入程度和外部审计相当。当我们收到审计报告时，我刚在这个岗位上工作了 45 天。这个审计结果包括了一本 39 页的管理报告书。作为审计报告的门外汉，当我阅读时，第一反应是：太好了，他们做了深入调查，给我们提供了丰富的信息，让我知道哪些领域需要改善。第二天早晨，当我到达办公室时，区域总经理菲尔走进我的办公室，和我分享了一封当时惠普 CEO 发给他的私信，信上说道：

"菲尔，我饶有兴趣地看了你们区域的审计报告，我相信你会认同我的观点的：我们不想让这一切重复。

此致

约翰"

菲尔看着我说："我再也不想从约翰那里收到另一封类似的信了。"说完他转身离开我的办公室，这让我清楚地意识到我接手了一个烂摊子。我很快了解到大部分审计报告的管理报告书不超过 1 页，2 页意味着你做得不太好，而我现在需要面对的是 39 页。

3 年后，我们的区域行政团队成了全公司的销售冠军。澳大利亚、荷兰、法国、英国和德国的行政经理纷纷来我们这里取经，他们都想知道我做了什么他们没有做的。我们采用一样的培训方式，一样的管理工具和方法，但是我的绩效却远远超过其他人的，为什么呢？这个问题，我自己也无法回答。我本想归因于我比他们领导得好，但是我知道我的同僚们很多方面的才能与我不相上下，甚至在某些方面，他们比我更强。多年之后，我才领悟到我无意中突破了现行范式的阻碍，我开始使用不同的模式。

被大家高度宣扬的理念"人是我们最重要的资产"，暗示了为什么很多同事没有达到像我一样的结果。社会和字典一般将资产定义为"一个你拥有的有价值的物品"。当你把员工当作财产时，你更多地把他们视为"奴隶"而非"思想自由、有创造力的个体"。我们可能理性上意识到人不是机器上的零部件，但是我们仍然受旧模式的语言所指引，而时代和状况已判若两样，那个世界也早已不存在。我突破了"公司即机器"这个范式，因此创造的结果对于同事和上司来说好像是魔术一般。

13.9　不止人本主义

商业进化的人本主义阶段揭露了主流神话——机械论的缺陷。人本主义大大改变了我们的视角，让我们意识到任何一个伟大公司的核心都离不开人；它解释了一些公司在某个阶段的成功，比如惠普在践行惠普之道的时候，丰田在其业务的方方面面践行全面质量的时代；但是，它也打开了一个潘多拉盒子，一种无形且似乎不受控的力量仍然在我们的组织中盛行。

人本主义的方式本应该将商业社会从机械方式中解救出来，引领我们更加靠近一个有机的组织结构和系统，但是它没有实现。

对于这个没有发生的改变，有两种解释。其一是任何现行范式都有持久力，牛顿运动第一定律提醒了我们动量定律：一个静止的物体会保持静止，一个运动的物体会以同样的速度和方向保持运动，直到被一种外力打破平衡。维持现有范式的动量压制了任何企图改变的力量。

除了天然的动量，另一个方面是人本主义视角无法完全解释影响组织绩效的所有潜在力量，因此也就无法对症下药。人是不可预测、变化无常的，虽然人本主义运动使我们相信人是成功的关键，但它并没有改变底层的范式。

世界正以前所未有的速度改变着。以前以 10 ~ 20 年为一个周期发生的事情现在缩短到以 3 ~ 5 年的周期发生；简单让位于复杂，一度被视为可预测、可控制的东西现在变得随机且混乱。

当人们感觉他们失去控制时会发生什么？按照马斯洛的说法，他们会回到低层次的生存和生理需求，他们寻求一致性、安全性和可预测性，所有我们的科学管理老朋友所承诺的东西。机器的简单模式太难放弃，特别是当其和一个由自由思想的个体组成的复杂团队相比。因为对于机器，每件事情都能够衡量、预测和控制，而人却不是这样的。

我们原有的公司系统是按照机械世界观的模式设计的。作为一部大机器的商业只关心产出，其衡量指标是收入和利润，这让挣钱成了企业追逐的核心目标。商业世界成了一个财务回报的赛场，让商业这部曾经带领我们进步的巨大引擎坠入了黑暗的深渊。

1981 年，通用电气的 CEO 杰克·韦尔奇在纽约皮埃尔酒店发表了一个演讲："在缓慢增长的经济中快速增长。"在演讲中，韦尔奇先生提出了他的理念，即公司必须出售绩效不佳的业务，并且大力削减成本，从而持续增加利润，以超越全球经济增速。他告诉分析师："通用电气将成为引领国民生产总值的火车头而非守车。"虽然韦尔奇先生说他从来没有说过追求股东利益最大化是企业的第一目标（他坚信服务客户是企业的真正关注点），但是他的这个演讲通常被公认拉开了企业沉迷于股东价值的序幕。

不管是什么原因，金融市场、商业领域及整个社会开始反复吟唱"追求股东价值最大化"。这最终把传统商业体制从社会贡献力变成了黑暗推动力。商业现在向全能的"美元之神"卑躬屈膝，其他都不重要。

随着每件事情都用投资回报来衡量，一种新的工程师诞生了：金融工程师。他们唯一的使命就是千方百计地创造财富。他们采用聪明的方式粉饰数据，经常在企业的真实表现上混淆视听，让结果看起来比实际的更好。他们会把一些资产打包，然后将风险重新分配到新的证券上，让投资的风险显小从而价值高估。就是这种方式导致了 2009 年众多次级房屋信贷行业的崩塌，甚至差点让整个金融系统崩盘。

作为一名顾问，我辅导过一名新的 CEO，他在这个位置上刚做了两年，向我寻求帮助。他的前任是公司的创始人，92 岁时在办公桌上去世。尽管这个创始人以其对公司产品的热情而著称，但他同时也被认为是一个变化无常的"暴君"（员工给他的名号，不是我说的）。

这个新的 CEO 承诺改变公司的文化，并赋能员工。他以前是一家大型饮料公司的高管，参加过所有相应的管理培训。他相信目标管理，认为通过设定一个激动人心的目标就可以激发员工的卓越表现。他向董事会承诺在五年之内让公司的收入从 5 000 万美元增长到 1 亿美元，这成了他的团队及整个组织唯一的目标。他倡导新文化和赋能员工的努力都是源于这种潜在的渴望，即增强组织这部机器产生利润的能力。结果如何？他失败了。

和这家公司一样，我们整个商业领域已经不是驱动进步的机器，而是一部简单的印钞机，这部机器在扩大市场份额和利润这场没有终点的角逐中，为更多消费者生产更多商品。组织为了财富而活，整个社会陷入这种幻觉中，好像被咒语催眠似的。商人以前是将钱作为改善人们生活、让每个人都有饭吃的手段，现在钱却成为目的本身。这种无穷无尽的消费和增长循环成了每个管理者的迷恋，也让我们成了金钱这部巨大机器的奴隶。

人本主义方法也深受其害，如果无法衡量和报告，如果无法和股东价值的增长直接挂钩，它就没有任何意义。管理者需要合理解释每一个决策的投资回报，甚至包括发展员工或者建立创新文化这类可以带来无形好处的决策。但是正如我们现在知道的，当每件事情都简化为钱，你很难在无形的、非科学的创新流程上投资，而这些创新却是成功的最终推动力。

虽然旧习惯的拉力总是让新想法难以被人接纳，但是这一点本身不足以解释为什么机器观没有被广泛抛弃。如果人本主义方式真的拥有它声称的价值，如果它已经完整地解释了我们周围的世界，并且创造了我们原来预想的结果（我们仍然心向往之），那么它早已克服了变革的内在阻力。但是历史告诉我们，它既没有失败也没有成功，它将我们的焦点从纯粹的机器导向上移开，并且让我们对于这部机器的一个部件——人有了更多了解，虽然我们还无法完全理解、掌控和预测这个部件。

人本主义模型强调组织里人的重要性，也使得我们更加重视员工激励和满意度。这种范式和科学同时演变，科学从牛顿的确定性向量子物理和混沌理论转变。大家越来越意识到组织不只是线性的机器或者一套简单的流程和工作流，相反，组织实际上是可以学习和成长的系统。

尽管做出了很多贡献，20 世纪 60 年代出现的人本主义模型从来都没有动摇过所有决策的底层范式。我们仍然相信主流的机器范式及其对可衡量结果的追逐。虽然从人本主义理论了解到人天生难以衡量和预测，但是我们仍然不知道如何将人的益处转化成类似于投资回报那样的机器式指标，以助力决策。

人本主义没有改变我们的底层范式，其失败的原因恰恰是它无法为新的决策提供一个可持续的平台。它宣称能带来某些好处，但无法解释其所以然；它告诉我们无形的力量在起作用，但没有揭示它们。因为没有深入理解这些产生结果的潜在力量，管理者只能放手一搏，相信诸如"公司文化""人员发展"和"核心价值观"的这些东西能够给公司利润带来有形或者无形的贡献。

在惠普，我知道我的结果达成来自我拥有的团队，但背后的原因应该远不只是团队的能力。作为一个集体，我们的运行效率大于每个个体的效率之和。这个团队像一个完整的个体一样运行。虽然分布在销售区域的不同地方，但每个个体协调一致，似乎存在某种每个成员都可以汲取能量的源泉，好像是集体给每个人增加了能量。

我们知道当团队全力以赴时，会产生一种突然迸发的能量，我们称为合力，一种几乎每个人都时不时会体验到的东西。这是我在惠普的时候无意中在团队中创造的，一种整体大于个体之和、一加一大于二的现象，任何和我团队打交道的人都会感受到这种高涨的能量，也能看到我们创造的结果。但你如何解释它，更甚者用能量服务于自己？你能否像工厂调整工作流那样，轻松直接地创造出合力？我们可以给它命名，但无法理解它的运作方式，也就无法创造它。还有很多其他的成功要素也是人本主义模型所无法解释的。

比如，如何加强创新？谁不想他们的员工想出创新的点子来应对挑战？但是，即使市场上有各种创新项目，我们对于"打破常规思维"也有渴求，但我们还是无法理解这种魔术是如何以及为什么会发生的，我们也没有学会如何创造一种文化，使得突破常规的创造性思维成为常态，为什么会这样呢？

直觉的洞察也是产生神奇结果的一个关键要素。这种第六感来自哪里？我们如何能经常地借助这种神力？它似乎是一种转瞬即逝的力量，你很难经常依靠它来创造结果，它时灵时不灵。当一个高管只是靠"对此，我有一种直觉"这种说法来解释某个决策时，我们是更愿意聆听他的直觉还是拒绝它，而希望高管给出一个更合理的解释呢？

人本主义无法解释这些常见的体验及其背后的力量。它无法提供给我们一个自主重现这些体验的公式。简言之，它从来都无法解释这些看不见的力量，诸如苹果、西南航空、全食超市等公司似乎经常能获得这种力量创造的神奇结果；它也无法解释为什么一些公司能够脱颖而出，从优秀到卓越，然后又掉下神坛。比如安然公司，曾经是华尔街的宠儿，后来却成了所有坏企业的典型，甚至是我们钟爱的惠普，一度是好公司的典范，过去十年却为自身的丑闻所缠身。

虽然我们无法解释和衡量这些神奇的力量，但我们知道有一些看不见的力量对于我们可以感知和衡量的结果有着难以置信的影响。如果我们可以找到一种新的模型，一种对于这些力量更好的理解方式，而且是基于合理的原则，也无须冒着很大的风险将它们付诸实践，那会怎样呢?

为了找到这个"缺失的一环"，或者说是进化的下一个阶段，我们需要停止将这些潜在力量视为神秘的东西，而开始采用科学语言来思考它们；我们需要学会和潜在能量共处以及释放它们。这些能量潜藏于每个组织，没有得到开发，一旦释放出来，必然会驱动公司的成就和绩效上一个台阶。为此，我们需要一种理解世界的新方式，一种新的范式。它能够拨开表面的迷雾，让那些在我们的世界中起作用的潜在力量浮出水面。

13.10　领导者的挑战

经历了一年又一年、一个又一个的危机，今天新一代的领导者感受到了现有业务模型的局限性，他们感觉到需要更多的完全不同的东西，但是很少有人愿意放手一搏，大胆做出改变。

所有的改变都伴随着不确定性和风险。如果想要拥抱一个新的世界观，今天的领导者必须知晓改变所需的艰难历程及进入未知世界的紧张感会创造出比今天更好的结果。你不能期待他们主要基于道德的原因（诸如"为这个世界做点好事"）做出改变。企业社会责任、利益相关者模型及其他新提出的模型通常将行善置于盈利之上，有时甚至似乎是反对盈利的，这对于组织的大多数领导者来说像是在空喊口号，也限制了他们采纳这些新的模型的意愿。组织的领导者需要一个新的模型来解释周围的世界，一个基于可靠的原则和科学的模型。它能够提供相应的工具，并且让领导者获得比使用现有模型更好的结果。

你需要做什么才能创造这样一个新模型？是否有一种科学系统能够解释看不见的合力及神奇的结果，而且所用的语言通俗易懂、易于使用？这个模型最终必需解释这个显化的过程，它将揭示商业及整个世界中起作用的所有力量，以及我们如何开发和利用这些力量，以催生出我们想要创造的结果；它甚至可以告诉我们如何激发组织的创造力以及把新生命带入我们这些没有灵魂的机器中。

　　我需要感谢所有对我的旅程提供支持和帮助的人，包括那些对我的写作提供直接帮助的人；那些对于书中所呈现的模型和方法的演变做出贡献的人；以及那些在我的旅途中提供关爱和鼓励的人。

　　这本书不只是关于理念、模型和方法，它也是我对于个人旅程的一个反思。这个旅程给组织和我个人都创造了某些成果，个人而言，我的发展之旅和这本书背后的哲学深深地交织在一起。我衷心地感谢所有对于我的生命、成长和个人发展做出贡献的人，不管是有意或是无意、直接或是间接、正面或是负面。

　　我尤其要感谢我的三个编辑。彼特·杰拉罗是我最初的写作顾问，他帮助我将想法落实到纸面上。他通过引导式访谈帮助我将想法转换成了书面文字，并且在一开始提供了架构帮助我将一个概念变成一本书。保罗·罗伯茨，一个讲故事大师，他在成书过程中不断挑战我，指导我去理解我想要讲述的故事。他帮助我了解故事的完整性。李庞德对成形的好故事精雕细琢，他指导我更多地将我的生活经历融入故事中，使得故事本身及整本书显得更加栩栩如生。

　　这本书意在帮助领导团队（董事会、CEO 和高管团队）应对创造理想结果过程中所面临的挑战，所有的理论和方法源于我有幸服务过的众多客户。我想更好地为他们服务、让他们变得更高效，这驱动我深入钻研那些创造或者阻碍其梦想的各种力量。

如果没有众多客户的支持，如果不是他们允许我测试这些想法、概念和方法，就不可能有这一切。在此我特别想感谢其中的两位。

1990 年，我第一次被引荐到了美国国家技术系统公司（National Technical System），我见到了他们其中一位创始人，也是当时的 CEO 兼董事长，杰克·林（Jack Lin）博士。杰克理解那些定义成功的潜在力量的影响力，并不断探索如何善用这些力量。这在其组织催生了一种新的文化，即开放探索新的，通常是非传统的创造集体成果的方式。比尔·麦金尼斯（Bill McGinnis）后来接替杰克担任 CEO，继续这个探索之旅，他让自己和高管团队开放地与关系能量场和背景能量场共舞。在和这两个优秀的 CEO 及其团队的合作中，我受益匪浅。这段经历深刻地影响了这本书的内容。

吉姆·萨默斯从担任 SafeNet Mykotronx 公司事业部总裁开始，他就和组织的宗旨之魂有很深的连接，这种连接引导他为组织的未来构建了愿景。我很荣幸有机会和吉姆及其团队合作了 8 年，在其业务翻倍的过程中，我引导企业完成了几次华丽转身。我由衷地感恩这个机会，在这个合作过程中，我学习了从生命体的角度看待组织是如何增强其持续改善和成长的能力的。

因为我的一生就是一个不断提升自己的探索之旅，这种提升包括个人层面和业务层面。我所涉猎的不同道路、不同领域最终编织成了一幅美丽的挂毯。过去 8 年，我的一段特别之旅就是和我的老师布鲁·乔伊合作，对于他以及那些和我一起共修的人，我这一辈子对他们都满怀感激之情。这段旅程让我了解和直接体验了深层的能量，很多人把它称为神圣的奥秘。

我还要感谢很多顾问——他们自 2002 年"量子领导"咨询公司成立时就是公司一员，以及在这段旅程中为我提供辅导和建议的朋友们，他们每个人都在有机组织及我身上留下印记。我特别要感谢其中的三个人，凯文·麦戈蒂是第一位加入"量子领导"的顾问，它让我相信有其他同道中人也愿意将我的愿景变成现实；唐·希克斯在过去五年中，努力帮助我们确定如何更好地销售服务；我也想用这本书向格雷格·加拉格尔致敬，他在这个过程中不断挑战我的想法，使得我们的产品和服务更加强劲和精细，格雷格的意外去世让我深切缅怀他的音容笑貌和杰出贡献。

在外部顾问中，我要感谢的是迈克·库查和大卫·金尼尔，他们带给我不同的视角，帮助我完善了模型。

最后我要感谢两个我最亲近、最爱的人。我的女儿林赛教会我作为父亲的真谛——另一个生命体的精神守护者，她教我如何帮助那个生命体做好准备，让她的精神得到充分表达。这种引导另一个生命体走向成熟的经历，为我培育组织充分表达其精神打下了基础。

我的妻子简教给我的最多，我不只学会了以艺术的眼光欣赏这个世界的美，还学会按照一部逐渐展开的即兴戏剧来理解和度过我的一生。她向我展示了接纳和感恩的意义和力量。她那种洞悉我潜力的能力，她在我面对生活的种种挑战时所提供的支持，她给予我的开放与优雅的爱——所有这一切，给予了我自信和力量去追寻我的梦想。

还有所有选择阅读这本书的人，谢谢你们！

之一

2017 年在阅读了《重塑组织》这本书之后，深深为进化组织、青色组织、觉醒商业、未来组织的理念所打动。本着打破砂锅问到底的精神，我开始搜集作者列出的一些参考书，《激活组织能量》是我从亚马逊上购买的众多这类外文书之一。

《重塑组织》的作者莱卢是这样评价这本书的："对于青色这种组织范式而言，诺曼·沃尔夫的《激活组织能量》(*The Living Organization*) 可以摘得桂冠。"

而这本书最吸引我的有两点，其一，虽然有些作者也将组织比喻为生命体，但是这本书对于这个隐喻有更深入的阐释，其二，它从能量的角度来看待组织，令人耳目一新。特别是它认为组织中的能量包括活动能量、关系能量和背景能量。很多时候我们只关注活动能量，但是如果没有处理好关系能量和背景能量，所有努力都会事倍功半甚至徒劳无益，这一点对于我从事的咨询工作甚至生活都启迪很大。

2018 年 12 月 18 日，朋友骆骏倡议成立了青湶舍社群组织，致力于将"青色组织"的理念和实践精髓带到中国，随后我们一起陆续挑选了一些书籍的一些章节翻译后进行分享和学习，致力于传播青色理念。

2020 年年初，我们在与作者诺曼·沃尔夫联系寻求许可时，他表达了愿意在国内出版此书的意向。在正略集团 CEO 刘海梅女士的牵线下，我们与人民邮电出版社一拍即合。

随后我们发起成立了众译小组，骆骏、海燕、周贤和我各分担了一些章节的翻译。然后由在翻译方面功力颇深的骆骏负责最后的统稿，后来一陆主动请缨，按出版社的要求进行最后的编辑校对。在这个过程中，青泯舍其他伙伴、陆维东及其他同道中人都为我们提供了很多无私的支持和帮助。

我们的初衷是在社群里学习和分享，如果出版这个"无心插柳"，最终能够"绿枝成荫"，让更多在进化路上的组织和人员受益，那也是一桩幸事。

再次感谢所有参与者！

——李柏文 [①]，组织发展顾问

2021 年 6 月 6 日于北京

之二

柏文老师在青泯舍群里发出合译 *The Living Organization* 这本书的邀请后，很快得到很多朋友的回应，大家愉快地认领了自己想尝试的章节。我特别喜欢这种自主共创的模式，让每个人自在地贡献力量。

我想参与是因为"Living"打动了我。实践组织进化十多年，最大的感受就是如果组织能够保持对内外环境的警觉性，不断调整适应，它就会

---

① 李柏文：本书翻译项目的发起人及项目召集和统筹人，负责翻译第 5 章、第 6 章、第 7 章、第 8 章、第 9 章、第 12 章、第 13 章、致谢与封底。

"活下去"，如果它还能学会自我迭代，它就可能拥有"旺盛的生命力"。当我们用"有旺盛的生命力"来形容一个组织的时候，我们一下子就能明白它带来的感受：热度、能量、呼吸、生机……那是活着的力量，也是组织最本质的追求——活着、活好。而要打造基业长青的组织，就要以培育有机体的方式来激发组织生命力。这本书带我们探索培育组织生命力的不同方式，也许你也能有新的见解。

——朱海燕[①]，外企厂长

2021 年 6 月 11 日于上海

之三

20 年前我第一次成为一位创业者，在无知和兴奋中摸索向前。脑海里懵懵懂懂掠过一个想法—— 一个组织，应该是一个活生生的有机体，因为我们是一群活泼泼的人；一个组织，不应该是一台机器，因为没有人愿意做没有灵魂的螺丝钉，否则，这个游戏就太没有意思了——这样的一个理念一直贯穿了我的整个工作旅程。

10 年前，我开始在教育创新领域，参与推动教育 3.0 新范式在国内的发展和实践。而我所支持和同行的伙伴，大部分都是教育创业者。此时，著名教育家蒋梦麟先生的一句话，又映照在我的脑海里："好的教育就是教出活泼泼的人。"

由此，于我而言，一个重要的生命主题油然而生：我们该如何创建出一个活泼泼的教育组织，从而让好的学习发生，进而让每一个孩子都成为

---

① 朱海燕：负责翻译第 3 章、第 4 章。

活泼泼的人？

谢谢柏文的邀请，这个春天共同翻译了《激活组织能量》这本书。在整个共学共探的过程中，翻译组的伙伴们、本书的作者、案例中的各个主人公……都为我的生命主题提供了关键的解题线索。在我看来，"有机"这个词，如果能够外显，自然就是"活泼泼"三个字。而这三个字，在教育领域尤为重要。

何谓活泼泼的组织？何为活泼泼的工作者？邀请大家一起来阅读此书——或者，更重要的，一起"活泼泼"地来践行。

——周贤[①]，群岛大学

2021 年 6 月 18 日于上海

之四

参与《激活组织能量》这本书的编辑，让我实实在在地体验了一把能量流从凝聚到开花结果的过程。作为翻译团队中没有阅读过英文原文的校译编辑，自始至终用中文的语言思维来审阅这一份共创成品的我，对译文一遍又一遍地大声朗读，以确保译文在中文语法层面的通顺。在这个过程中，我不仅感受到了参与翻译的青泔舍伙伴们投入在字里行间的活力和能量，同时也赞叹于这个翻译小组能够如此自然地有机生发和聚合创造。正是因为青泔舍的伙伴们秉持着把"青色组织"的理念和实践精髓带到中国的使命，才促成了一个有机的团队合力，通过统合地创造让《激活组织能量》一书在中文世界绽放其生命力。希望有缘阅读到这本书的你，能够听

---

① 周贤：负责翻译第 10 章、第 11 章。

到文字之外的"彩虹乐章",感受到我发自内心的快乐。

——郭一陆^①,哥伦比亚大学成人学习与领导力在读博士生

2021 年 6 月 17 日于杭州

之五

今天做完《激活组织能量》全书最后一页的统稿,已经把原版的书翻到了封底,看到原版在封底摘抄了一段美国全食超市联合 CEO 约翰·麦基在本书的序中写的一段文字。巧的是,在本书几位译者的分工中,"序"的译者也正好是我。就在即将完成这本书翻译项目的最后一刻,看到这"首尾呼应"的一段话,感慨这几天来日日夜夜投入的一个翻译项目又即将结束,心中竟"抚今追昔"地感叹了起来。于是,我不由得回想起了我当时翻译"序"时的情景。

那是 2021 年刚过完春节不久,我刚刚结束给中国西南一家组织做的青色组织与自主管理转型的工作坊,在回杭的高铁上,伴着窗外往身后急速闪退的景色,我正式开始了这本书中我所负责章节的翻译。记得当天所翻序言部分的英文并不长,只有三页纸左右,但是翻译它我花了整整几个小时。我坐在高铁上的时间有多长,翻译这一部分就用了多长时间。其实倒不是因为翻译速度快不起来,而是因为读着序言原文里的每一句话,我都情不自禁地想起这些年我所陪伴前行的那几家走上青色和自主管理道路的组织。

序言中约翰·麦基一上来就发问,"进入 21 世纪,我们需要一种全新

---

① 郭一陆:负责全书编辑校对。

的商业范式吗？"我想，我所陪伴的几家走上青色与自主管理道路的组织给出了他们的回答。自从我自己了解了青色组织与自主管理的新管理范式之后，就深感那么多年来我一直在自己所关注的"组织发展"领域中苦苦追寻的问题的答案，就出在这面向未来的新的组织管理范式中。致力于"组织发展"领域这些年，我深感有些组织层面的问题像是"打了死结"，直到后来遇到像"青色组织"这种新的管理范式和理念，才发现原来有的问题并不是用来"解决的"，而是用来"消灭的"——比如，在青色组织的管理范式下，之前死结了的问题是天然得不存在的，也许那个问题依然没有解决方案，但在新的管理范式下，这样的问题它就不会出现。

如果说这种新的管理范式和新的看待组织的视角在"有用性"上给我的震撼是基于我一种"实用主义"的视角，那么，当我在与一群一路相伴的伙伴——他们中有的是一起翻译青色组织相关外文文献的青浥舍的伙伴、有的是在自己创办的组织里亲历并实践的伙伴——深入了解这种新的管理范式和视角时，这种深植于新管理理念及范式中的那种尊重和彰显人性光芒的出发点和落脚点，才是让我一直投身于翻译与这种新管理范式相关的外文文献这个事业的真实原因。

翻看完全部译好的书稿，在统稿的过程中，我不禁感叹书里"有机组织"的视角，是怎样一种以尊重生命、敬畏创造的立场来看人和人一起构成的组织的思路。书中向我们揭示，是蕴含于组织中的"活动能量""关系能量"与"背景能量"在共舞中缔造了各种奇迹，用作者的比喻来说，在人还没有有意识地这么做之前，这就像是一种"魔术"。如今随着人类个体在意识和觉醒上突飞猛进，随着人类真心反思组织中的种种人们自己为难自己的问题，人类逐渐开始"有意识"地去把握这种"魔术"了。可这一次，与我们前几次有所不同；这一次，我们不再认为这个"魔术"是我们可以"把握"的东西——我们理解了这种"魔术",却不可以调教这种"魔术"来为自己的目的服务,只能因循着这种"魔术"个中的道理,顺势而为。也只有这样,我们才不会走火入"魔",才不会像之前一样,开发了一个又一个的管理工具,但又遭受着一个又一个的副作用,直到有人绝望地呐喊,这种不断寄希望于新管理工具、用了之后又不断失望的轮回,我们可以跳出来吗?

可以,只要我们不要把这个新的管理范式当作工具来使用,而把它当作一种新的视角、一种新的范式活出来,以自身的存在状态把这样的管理范式体现出来,也就跳出了上述那个轮回的怪圈。这个过程极不容易,能讲清楚这种"魔术"的著作就越是显得弥足珍贵。这也是为什么,在翻译这本书的过程中,我有不断被滋养的感觉——翻译的过程并非单向贡献的过程,而是作为译者我也得到这本书智慧的不断浇灌;再想着有些已经或即将走上新管理范式的组织及其中的人,可能会因这本书的出现而受到启迪、获得力量,更是让我觉得青湶舍翻译社群伙伴们所做的有了真实而确切的意义。

有趣的是,我们青湶舍伙伴一开始说要翻译这本书时,没有抱着会出版的心态。当时觉得这与我们其他在做的"以译为学"的项目一样,是我们内部一边翻译、一边自学、一边交流的一种形式。后来柏文和原作者诺曼邮件往来之后,原作者本人很想推动中译本在中国的问世,才有了今天的在我眼前的、由各个社群伙伴基于自愿和兴趣爱好各自认领翻译出来的、即将付梓的这部大作。

之所以觉得这个过程有趣,是因为这一切的发生和"有机组织"的生发一样,我们没有做事先想得很完美、一环扣一环的计划,而是一边做一边创造性地解决各种新出现的问题,这反倒是让我们翻译的经过新奇迭出，让人一边做就可以一边受用，而不像完成任务般一边做一边叫苦；而且在几位译者伙伴的相互配合中，也没有那种传统项目的事先严谨分工，而是先基于自愿与兴趣自行认领，然后总有伙伴会把暂无人认领的事情承担起来；还有，在核心翻译团队之外，整个青浥舍社群中其他伙伴还成了我们的"大后方"，有时一个词、一个地名、一个机构，不知道背景知识的人总翻译不好，可群里总有伙伴知道究竟，他／她的一句话，就让难题得到解决，妙的是，谁都不知道谁是哪个问题的"解"。我想，这正是"有机组织"的魅力和威力所在吧！

愿这样的魅力和威力随着这本书的中文版一起，能走到每一位与之有缘的伙伴那里。

——骆骏 ①，青色组织与自主管理教练、青色文献译者

2021 年 6 月 15 日于杭州

---

① 骆骏：负责翻译序、前言、第 1 章和第 2 章，以及全书译稿的统稿工作。

　　一次机缘巧合，有幸遇见《激活组织能量》，看似无意的馈赠，却又觉得一切都是冥冥之中的安排。组织发展是我近几年一直感兴趣的领域，可以看到无论是理论界还是实业界，对于组织发展的探索，在广度和深度方面都在不断地拓展和延伸。从最初看到组织如人，到组织是一个系统，到组织是一个生命体，对组织认知的变化决定了组织将会如何发生作用。在我看来，组织是一个生命体，从出生，到成长，到消亡，这是一个自然也是必然的过程，变革和创新只是在延续这个生长过程，但可惜的是，很多信息非常地分散，要靠个体去拼凑和体悟。

　　当《激活组织能量》出现在我眼前的时候，突然有种豁然开朗的感觉，似乎将一颗颗散落的珍珠串起来，成为一条项链，它是那样的光彩夺目。当我们把组织当作一个"创造主体"来看的时候，组织的使命和愿景、组织和环境的适应性、组织的不断演化、个人使命和组织使命的匹配都变得十分明了。让我觉得特别惊艳的则是能量这部分的观点，看得见、看不见但可测量、看不见也不可测量，这些各种形式的能量，构成了我们感受到的组织的气场和味道，组织文化的氛围，这种看不见的力量超出个体的力量，推动或阻碍着组织的发展。而找到审视组织的"导航地图"，就能将这些能量可视化和结构化；找到"点石成金"术，就能找到能量转化的规律和机制，就能实现组织的持续发展。相信这本书能带给我们更多的启发和思考。

——海华

OD 实践者

一直在追求组织的进化，但组织究竟怎么进化，什么时候做什么并能得到什么结果，其实并没有什么书确切地讲过。我认为其核心就是开发"觉性"。意识进化也好，能力提升也罢，落实到最虚也是最实的点就是"觉性"的开发。找到和你有缘的发展"觉性"的方法，去努力练习一段时间，也许这本《激活组织能量》就能看得懂了。活着就是去"觉"，当领导人开发了"觉性"，组织就自然会觉醒。

——傅文贤

稻草人旅行创始人

一粒种子，因何而诞生，会在何处发芽？会长成什么样？个体会追问自己的存在为这个世界带来了什么独特的价值？有什么特别的使命？作为生命集合体的组织会追问如果自己不存在，这个世界会有什么损失？人类的个体与组织都是有机生命体，生来就要发展自己。活着是为了什么？《激活组织能量》这本书展示了创造未来的各种可能的一种组织生命形态。这本书可以帮助读者了解有机组织的进化过程，看见如冰山般的人类个体与个体之间、个体与组织之间在集体的"海域"之间如何相互传递能量。

——付华

教师

我们所感受到的那些不可思议，不可理喻，抑或是神经兮兮，也许正是人类成长和意识进化之路上所开出的花朵。

——宁瑞忠
无届餐厅创始人

土团之家创立初期，那时我就在找寻一种理想的组建协作管理团队的范式。接触过五花八门的管理思想。但方法和工具总让我觉得缺少了点什么。可能要么觉得不够健全，要么觉得视角过于单一，又可能是文明发展太快，问题的解决方法跟不上问题的更新速度。

一个良好的发心，如果没有对现象背后深刻的洞见和合适方法的指引，往往招致相反的结果。看见周围乌托邦的悲剧不断在重演，我越发困惑，这个世界的问题已经够多了，至少我不应再添乱。对于要不要发起一个组织我一直是迷惑和茫然的。

直到遇到了《激活组织能量》，才顿时有了信心和希望。

将组织视作是一个有机体，它有着自己的生命，有着自己的灵魂和个性，甚至有自己的生长节奏和生命周期。这种说法太过于前卫、新奇，与我们从小到大了解的一些观念可能不太相符。

我们擅长以一种理性逻辑手段来认知和改造世界，像研究机器一样，把整体拆分成各部分零件，通过局部细分再细分，逐一研究然后再拼凑回去，以为就此掌握了事物全貌。而那些不能被逻辑检验的姑且搁置一边，或者干脆不承认它们的存在。固然这样的方法给文明带来了很大的进步，但也忽视了事物作为整体本来的面目和属性。比如能量这种摸不着看不见的东西，它确确实实在周围世界神奇地存在着并产生着影响。

对于这本书，我们不能仅停留在对概念的理解，要将其内化为行动，这可能有很长的一段路要走。

——波波
土团之家工作坊发起人

组织与人一样，有自己独立的生命。人与组织相遇，是两个独立生命的相遇。组织发展的过程，是了悟组织自我和使命的过程。这同时伴随着人的自我了悟，从而越来越能够以自身去感知组织这个独立生命的存在，而去响应它的需要，服务于它的生长。

——黄蕾
启实 Being

很高兴可以看到《激活组织能量》这本书。组织在新时期面临的共性问题不再是原来模式的迭代升级，而是完全不同的"心"系统。这本书令人兴奋，回归到了"人"，也回归到了本质。每每读到和自己的实践相似的地方我都会豁然开朗，作者的成长经历也和自己颇为相似，偶然性和必然性中也找到了一点内因。祝福更多的人觉醒！

——海潮
三生谷生态村企业创始人